当历史遇上创意：闲置空间再生中的文化创意产业集聚研究

陈燕／著

中国戏剧出版社

图书在版编目（CIP）数据

当历史遇上创意：闲置空间再生中的文化创意产业集聚研究 / 陈燕著. — 北京：中国戏剧出版社，2019.8
ISBN 978-7-104-04866-4

Ⅰ. ①当… Ⅱ. ①陈… Ⅲ. ①文化产业－研究－中国
Ⅳ. ①G124

中国版本图书馆CIP数据核字（2019）第185761号

当历史遇上创意：闲置空间再生中的文化创意产业集聚研究

策　　划：	黄艳华
责任编辑：	黄艳华
责任印制：	冯志强

出版发行：	中国戏剧出版社
出 版 人：	樊国宾
社　　址：	北京市西城区天宁寺前街2号国家音乐产业基地L座
网　　址：	www.theatrebook.cn
电　　话：	010-63381560（发行部）　010-63385980（总编室）
传　　真：	010-63383910（发行部）

读者服务：010-63387810
邮购地址：北京市西城区天宁寺前街2号国家音乐产业基地L座（100055）

印　　刷：	北京鑫海达印刷有限公司
开　　本：	787mm×1092mm　1/16
印　　张：	11
字　　数：	160千
版　　次：	2019年8月　北京第1版第1次印刷
书　　号：	ISBN 978-7-104-04866-4
定　　价：	68.00元

版权所有，违者必究；如有质量问题，请与出版社联系。

前 言

本书最初是本人在南京艺术学院求学期间所写的博士毕业论文《闲置空间再生中的文化创意产业集聚研究》,研究的立足点和研究对象是闲置空间再生中的文化创意产业集聚,这不包括闲置空间中只有单一保存而没有在保护中进行合理有效经济开发的博物馆、文物单位等,也不包括与闲置空间无关、开辟新区专门建立的创意产业园区和集聚区。本书研究对象的集聚前提,是将我国各个地区的文化特质与区域文化产品形象的象征意义交织在一起,形成一定规模的、具有地方资源特色的创意产业集聚,尤其是具有特定时代特征或文化起源的集聚。

闲置空间再生中的文化创意产业集聚研究,是要研究通过引入文化创意产业,有望以新的产业结构来提升闲置空间的建筑功能、区域形态和文脉价值,在发展文化创意产业的同时,使已经衰败的闲置空间得以再生。在全国文化创意产业如火如荼地推进进程中,寻求闲置空间成功再生的规律性,探索其产业开发的增长点,是指导当前的文化创意产业科学开发、避免形成新的浪费的现实性选题。

在精神经济时代背景下,本研究采用理论文献分析和调研实证分析相结合、全国总体情况的宏观分析与各区域具体个案的微观分析相结合、以及多学科交叉研究等研究方法,对我国闲置空间再生中的文化创意产业集聚进行研究。本书在绪论中介绍了前人的研究成果、本书的研究对象和研究范围，以及全文的结构和研究方法。在第一章中提出了闲置空间和文化创意产业集聚的相关概念，以及它们的相互关系。第二章探讨了闲置空间的资源特性，以闲置空间资源特性为导向的文化创意产业进驻，和闲置空间对主导性文化创意产业的选择。第三章针对闲置空间再生的动态发展过程，分析了空间形态的演变。第四章针对文化创意产业集聚的动态过程，分析了产业结构的优化。第五章归纳总结了闲置空间再生中文化创意产业集聚的最终形成，分析了闲置空间再生中文化创意产业集聚的经济效益，当下的总体发展轨迹与区域发展走势，提出目前发展的一些总体问题，和关于发展对策的思考。

那些浓妆艳抹的老房子
（代序）

李向民

  对于游子来说，故乡的一切，都记挂着满满的乡愁。那些承载了儿时记忆的老房子，无疑是其中最硬核的部分。记得小时候，家附近有一家建筑站，国营的，许多同学都住在家属院里。放学后，不急着回家，经常窜到大院里厮混。说是厮混，实在是因为找不到什么有意义的事情，甚至没有什么有意义的话题。少年不知愁滋味，留下的，只是一些依稀的片断。夏日里，穿着破背心的大爷摇着蒲扇，在门前的躺椅上，半闭着眼，听收音机里刘兰芳讲《岳飞传》。逼仄的室内弥漫着煤油炉的气味，那是同学的母亲坐月子，锅里在为她煮红糖馓子——那个年代产妇的专享滋补品，运气好时，还能分得一小碗，那绝对比燕窝鱼翅还美味。那座红砖砌就的三层小楼，已经足够我们上下翻飞，捉迷藏、打游击了。甚至为了制作半导体，偷偷剪掉电话机上的耳机……

  "此情可待成追忆？只是当时已惘然。"时过境迁，当年的那位产妇已经不知搬到了哪里，做了奶奶，抑或早已不在人世？因为地处小城一隅，建筑站的红砖小楼和大杂院侥幸留存到今天。每当回家，远远看到院子里那棵高大的楝树，便会想起少年的种种荒诞和不堪。

  这样的情感，其实是人类共有的。当工业文明进入4.0时代，那些曾经荣耀的建筑和空间，突然像中年人一样变得无所适从，身子骨还很硬朗，灵魂却已经落伍。那些水塔、厂房、仓库、码头、车站、军营，要么被人遗弃，要么被开发商相中，随时面临被拆除的命运。可是，它们身上所特有的时代印记和前序文明的包浆，却成为城市的稀缺资源。老房子是城市的根，也是历史与文化的载体。人们愿意亲近它，是因为那独特的气息，让人们心里感到踏实。

佛家说，"色即是空，空即是色"。虽然字义不尽相同，化用过来，勉强可以达意。闲置空间其实并不空，"只恐双溪舴艋舟，载不动许多愁"。这种乡愁，不是来自地理的故乡，而是来自文化的故乡、心灵的故乡。当人们徜徉在北京皇家粮仓、上海新天地、南京老门东，或者是台北华山的殖民酒厂，一样的逛吃逛吃，却有了不一样的体验。

因此，历史街区，经营的不是生意，而是乡愁。人们在这里消费的，也不仅是物质的时尚，更是精神的鸡汤。社会加速发展的今天，所有的日子都如同高铁窗外的风景，刹那间离我们远去，甚至还没有看清它的模样。无处安放的心灵，成为这个时代的隐忧。从一饭三遗矢的垂垂老者，到恨铁不成钢的虎爸虎妈，甚至连尚未发育的小学生，都在感慨时光飞逝，留不住曾经的美好。未来不可期，去日尚可追。那些曾经的伤痛，在结痂之后，都成了珍贵的沉香。

老房子倚老卖老，其实卖的是故事。在这样的空间里，人们不得不生起敬畏之心。斑驳的墙体、历经风雨的青砖，乃至漫漶的标语、不合时宜的造型，都在诉说着它曾经的生命故事，那些和青春有关的日子。这样的空间，让你不再孤独，而被一种文化氛围所熏染、所接纳。端起一杯咖啡，在这貌似格格不入的空间里，你仿佛成了超自然的存在，可以穿过时光，观照它那荣耀而寂寥的一生，从而在咖啡之外品味出无尽的回甘。

因此，消费行为本身也成了故事的一部分。在日本银座、伦敦卡纳比、纽约第五大道捎回的礼物，与从淘宝网购的东西，或许从质地上难分伯仲，但前者因为承载了"千里送鹅毛"的情谊故事而变得沉甸甸。这正是精神经济时代的特征。精神的光辉照耀在经济领域的各个环节，也照耀在每一个街区和村庄。甚至每一个空间，无论它是否闲置，都是文明的见证。

对闲置空间的活化利用，文化创意天然是最具契合度的。无论是消费者还是生产者，都统一在精神文化的氛围之中。哪怕这个空间曾经是牛棚，还是车间、车站，那些曾经的工业文明乃至农耕文明的遗存，像是精心装裱后的涂鸦，率性而不粗鲁，陌生而不冷漠，又像是法餐大厨精心调理的汤汁，香浓可口，回味无穷。或许因为担心那些老房子年长色衰，今天的文创集中区往往喜欢追求设计感，强行为它们涂脂抹粉，常常显得浅薄、有些急功近利。

作为陈燕博士的导师，我对她的选题充满了期待。《闲置空间再生中的文化创意产业集聚研究》既是一个文化产业管理的话题，更是文化传承与创新的话题。经过几年的刻苦攻读与调查研究，最终形成了博士论文。在答辩中，许多评委也提出了中肯的意见，交给她修改。如今呈现在读者面前的，即是陈燕再度修改后的作品。虽然还不圆满，但作为一个阶段的思考，仍然是积极的、重要的。

在本书即将付梓之际，共同回顾那段师生缘，显得十分愉悦而温暖。

是为序。

2019 年 6 月 1 日于南京闲云小筑

目 录

前 言 1
那些浓妆艳抹的老房子（代序）.. 李向民 3
绪 论 1
 第一节 前人研究成果 1
  一、已有相关理论 1
  二、国内外文献综述 5
 第二节 本书研究对象与范围 9
 第三节 全文结构和研究方法 12
  一、全文结构 12
  二、研究方法 12
第一章 闲置空间与文化创意产业集聚的涵义与相互关系 14
 第一节 闲置空间与再生理论 14
  一、闲置空间的内涵 14
  二、有价值闲置空间的界定探讨 22
  三、闲置空间的再生需求 28
 第二节 文化创意产业与产业集聚理论 33
  一、文化创意产业的内涵 33
  二、从"纯精神产品"到"准精神产品"：文化创意的产业化 36
  三、产业集聚理论 38
 第三节 闲置空间再生与文化创意产业集聚的关系 40
  一、文化创意产业在闲置空间中的集聚偏好 40
  二、文化创意产业的集聚促成或推动了闲置空间的再生与发展完善 42
  三、闲置空间再生中文化创意产业集聚的功能特征和运作优势 43

第二章 闲置空间的资源特性与文化创意产业的进驻 49

第一节 闲置空间的资源特性 49
一、地理环境资源 49
二、建筑特色资源 57
三、当地政策与制度资源 62

第二节 以闲置空间资源特性为导向的文化创意产业进驻 65
一、资源特性吸引了知名艺术家的率先进驻 65
二、资源特性带来的人气产生效应 70
三、经济和政策支持的直接效果 74
四、合理政府规划的引导效用 77

第三节 闲置空间对主导性文化创意产业的选择 81

第三章 空间形态的演变 83

第一节 空间形态的概念与空间形态重塑 83
一、空间形态的概念 83
二、空间形态的重塑 84

第二节 空间形态重塑的表现手法 85
一、客观写实 85
二、主观写意 87
三、夸张变形 88
四、象征手法 89

第三节 物质形式的贬值与精神内容的升值：空间形态的演变 91

第四节 空间形态演变的现状分析 93
一、在权衡与妥协中兼顾历史空间的保留和文化创意氛围的形成 93
二、在尽量恰当的方式中转变传统观念和构建文化认同 96
三、在政府和居民的配合中实现空间形态的重塑和功能转化 100
四、在"空间的生产"中形成产业链和创造新价值 102

第四章 产业结构的优化 104

第一节 产业结构优化理论 104
一、产业结构优化的涵义与内容 104

二、产业结构的高度化与合理化 105
　　三、产业结构的关联效应与扩散效应 106
第二节　准精神产品比重的增加：闲置空间再生中产业结构的优化 107
第三节　闲置空间再生中产业结构优化的样态分析 109
　　一、以传承和保护为主旨的体验经济发展样态 109
　　二、以交流和创新为主旨的创意经济发展样态 113
　　三、以开发和拓展为主旨的艺术生产发展样态 116

第五章　闲置空间再生中文化创意产业集聚的最终形成 123

第一节　空间再生后的组成主体与内部环境 123
第二节　文化创意产业的形成方式与集聚门类 125
　　一、文化创意产业的形成方式 125
　　二、文化创意产业的集聚门类 130
第三节　空间再生中文化创意产业集聚的经济效益 131
　　一、直接经济效益 131
　　二、间接经济效益 133
　　三、规模经济效益 134
第四节　当下的总体发展轨迹与区域发展走势 136
　　一、总体发展轨迹 136
　　二、区域发展走势 138
第五节　目前发展的一些总体问题与关于发展对策的思考 139
　　一、我国的一些总体问题 139
　　二、关于发展对策的思考 142

第六章　结　语 146

参考文献 151

后　记 157

绪 论

第一节 前人研究成果

一、已有相关理论

（一）"精神经济"的时代背景

早在 1986 年，学者李向民就提出了"精神经济学"：精神经济学是政治经济学在精神领域的延伸和发展，它研究包括哲学、宗教、科学理论、科学技术、文艺作品等在内的精神产品的生产再生产活动，它包括生产、传播、消费三个环节，以及整个经济运动过程中的特殊性和规律性。精神经济学揭示了精神经济与物质经济之间的相互关系，并以其独特的理论体系指导精神产品的生产和再生产，从而促进了整个社会的精神文明和物质文明建设。①

如今，随着经济的发展繁荣，经济发展动力由物质资源向精神资源转变，人类的劳动成果也由物质产品向精神产品延伸，我们步入了"精神经济"占主导地位的时代。我国闲置空间中的文化创意产业集聚，就是在精神经济时代的背景下，人们价值观的改变影响了对闲置空间的审美认知，于是开始重视闲置空间及其整体环境的精神价值保存、产业结

---

① 李向民：《精神经济》，新华出版社 1999 年版，第 338 页。

构升级和经济价值提升，以新兴的产业形势维持经济效益，并创造良好的社会效益。

（二）"建筑遗产"

建筑遗产属于文化遗产中的物质文化遗产之列，物质文化遗产就是传统意义中的"文化遗产"，主要包括历史文物古迹、历史建筑群和人类文化遗址三个方面：①历史文物古迹：从历史、艺术和科学的角度看，具有突出的普遍价值的建筑物、雕刻和绘画，具有考古意义的部件和结构、铭文、洞穴、居住区及各类文物的组合体；②历史建筑群：从历史、艺术和科学的角度看，在建筑形式、统一性及其环境景观结合方面，具有突出的普遍价值的单独或者相互联系的建筑群体；③人类文化遗址：从历史、美学、人种学或人类学的角度看，具有突出的普遍价值的工程或者自然与人类的结合工程，以及有考古发掘遗址的地区。①

成为物质文化遗产的具体标准主要有：①代表一种独特的艺术成就，一种创造性的天才杰作；②能在一定时期内或者世界某一文化区域内，对建筑艺术、纪念物艺术、规划或者景观设计方面的发展产生重大影响；③能为一种已消逝的文明或者文化传统提供一些独特的或者至少是特殊的见证；④可以作为一种建筑、建筑群或者景观的杰出范例，展示人类历史上的一个（或几个）重要阶段；⑤可以作为传统的人类居住地或者使用地的杰出范例，代表一种（或几种）文化，尤其在不可逆转的变化影响下变得易于损坏；⑥与具有特殊普遍意义的时间、现行传统、思想、信仰、文学艺术作品有直接和实质的联系。②

---

① 定义源自：联合国教科文组织：《保护世界文化和自然遗产公约》（*Convention Concerning the Protection of the World Cultural and Natural Heritage*），"全国科学技术名词审定委员会官网".http://www.cnctst.gov.cn,http://zhidao.baidu.com/question/123334670.html。
② 同上。

根据以上定义，建筑物、遗址和非建筑物，三者共同组成了物质文化遗产，而其中，建筑遗产已经成为物质文化遗产的重要组成部分。

现代建筑普遍以丧失个性为代价换取物质上的舒适感、廉价的产品和安全性能，坚固和优美兼具的历史建筑因此而倍显珍贵，这促使绝大多数人在潜意识中对注定要磨损风化的自然材料具有很本能的认同感。这些不同时代的、多样性的历史建筑，与现代建筑的单一性形成了鲜明对比。本研究认为，我国的闲置空间范围中包含着许多不同时代的、多样性的历史建筑，这些历史建筑引起了"建筑遗产"的衡量标准和范畴的扩充和泛化，使历史建筑中相对平凡世俗的那一部分，也有可能作为"建筑遗产"，为现在乃至将来的区域景观贡献出美学价值，并为环境的多样性做出各种贡献。①

因此，本研究所指涉的闲置空间的范围，远比《世界遗产公约》中所涉及的"建筑遗产"的标准宽泛。本研究既重视拥有历史性人文特征、完整文化风貌或优秀文物古迹的建筑遗产，也重视具有特殊资源特性和场所感的旧厂房、旧仓库、旧码头等闲置区域，它们都是刻满了过去人们居住、生活以及工作印记的街区历史建筑。"不同的历史发展沿革是不同文化形成的源头，不同的历史发展背景，也常造成文化认同的差异。所以地方特有的历史渊源会影响其生活圈的空间塑造。"②

（三）"文物建筑"与"文化建筑"

2000年3月，作家冯骥才在全国政协会议上的发言中指出："对于城市的历史遗存，文物与文化是两个不同的概念。"③文物是指名胜古迹，

---

① 陈燕：《当历史遇上创意——当下我国依历史街区相生的文创产业集聚区之行进过程初析》，载《东南学术》2012年第2期，第115页。
② 郭鉴：《吾地与吾民：地方文化产业研究》，浙江大学出版社2008年版，第110页。
③ 冯骥才：《2000年3月在全国政协会议上的发言》，新华社，http://www.sina.com.cn，2000年3月5日。

多为历史上皇家和宗教遗产中的精华部分，展现着一个地方经典性的人文创造，得到首要的保护。而文化的内容则十分广泛，更多的表现于大量的民居中，是民众精神生活的载体，展现着地方的独特性。①民居一般保留着地方发展过程中大量的历史文化信息，是地方最具有生命力的组成部分之一，蕴含于民居中的、各具特色的民间文化活动和形形色色的生存活动，展示着各地特有的社会结构和生活方式。同济大学的博士张明欣在其2007年发表的博士论文《经营城市历史街区》中提出："我国只有文物保护，没有文化保护，民居没有纳入文物范畴，所以拆起来没有禁忌。文物间可以划分品级，文化之间却是完全平等的……文物和文化这两个不同意义的事物长期被混淆了。"本研究中的闲置空间，就是从人类多元文化的整体出发，探讨被时代、被曾经生活和工作过的人们刻画了印记的、具备多元特征的、具有更积极的使用方式或者潜力的闲置区域，是更为广义的文化建筑。

（四）"废弃"的空间

台湾著名建筑师汉宝德的《闲置空间再利用政策之检讨》②一文，在探讨再利用的对象时提出：从字面上看，真正的闲置空间，应该是指没有价值的废弃空间。然而事实上，以当下寸土寸金的情况来看，并不存在真正的废弃空间。这些空间只是暂时空出来，其实另有动机。台湾有许多暂时被闲置的公有空间，逐步转型为艺文空间，这最初是由民间的艺文人士发起，之后逐渐转变成为文化行政单位的大规模行动。汉宝德认为，这本质上是"文化部门向经济部门争夺财产，以扩大文化单位的职权"。对于台湾这些暂时"废弃"的公有空间，汉宝德指出：公有空间是公有财产，因此也是全民的财产。台湾陆续出现将全民财产委外经

---

① 周燕：《上海老城厢历史文化风貌保护、规划、背景》，载《设计新潮》第119页。
② 汉宝德、刘新圆：《闲置空间再利用政策之检讨》，台湾政策研究基金会官网：http://www.npf.org.tw/post/2/4332，2008年6月10日。

营咖啡餐饮等业务,又美其名曰"文化产业"的现象,是很荒谬的行为。这不是对全民财产的最有效利用,更不是真正的文化产业。

(五)"整体性保护"

进行整体性保护,是对单体建筑及其整个活态环境进行保护。当下强调对许多身为历史建筑的闲置空间进行整体性保护,首先是强调对传统空间结构和经济活力的维持,使其继续发挥在社会生活中的作用,成为区域新的组成部分。从保护个体建筑到对物质实体和人文环境的整体保护,才是整体性保护真正倡导的所在。对身为历史建筑的闲置空间进行整体性保护主要强调以下几个方面:一是建立在广义的建筑遗产概念之上的闲置空间,这就包括很多因为时光的流失而获得文化意义的一般建筑、各个历史时期的构造物,以及作为社会和经济发展见证的对象等等;二是更加注重保护空间区域功能和社会结构,鼓励民众居于其中,鼓励居民积极参与。作为活性保护,整体性保护不仅要保存身为历史建筑的闲置空间本身及其美学价值,更重要的是要保护身处其中的各个社会阶层;三是整体性保护是身为历史建筑或者保护区的闲置空间区域综合价值的最终体现,除了其社会价值和美学价值等,还包括生态、交通和经济等方面的价值,整体性保护注重可持续性发展。采取整体性保护的闲置空间区域,主要是对区域中的历史建筑、区域功能和社会结构三个方面的内容进行全方位的保护①。

二、国内外文献综述

目前国内外对闲置空间的争议与保护、再生与振兴的研究较为丰富

---

① 魏闽:《复兴"义品村"——上海历史街区整体性保护研究》,东南大学出版社2008年版,第6—7页。

的主要是针对历史街区①和工业建筑遗产②等方面。历史街区和工业建筑遗产在历史文化中占有一定地位，体现着区域的文脉发展，真实记录了人们在一定历史时期的社会生活和工作形态，具有历史的真实性和时代性特征，普遍保持了风貌的完整性，甚至还兼顾了生活和工作的延续性③。

日本著名的城市计划、城市设计、城市保全与历史古迹保存专家西村幸夫所著的《再造魅力故乡——日本传统街区重生故事》，从社区参与、保存地方特色、塑造聚落形式、改善生活环境和生活品质的角度，分析了17个各具特色的日本传统街区重生的案例，体现了在日本的传统街区改造过程中人们价值观的日益改变，并因此逐渐营造出充满魅力的新环境。

英国的史蒂文·蒂耶斯德尔、蒂姆·希思和土耳其的塔内尔·厄奇

---

① "历史街区"一词源自1933年的国际雅典会议，会议上首次提及保护"具有历史价值的建筑和地区"，此后一系列的国际会议和国际法规越来越明确地提出了保护历史街区的意义（杨宏烈：《广州历史街区的保护性开发探讨》，载《城市问题》1998年第5期，第18、23—24页。）。1986年，我国国务院在公布第二批国家级历史文化名城时，也正式提出了历史街区的概念，即文物古迹比较集中，或者能较完整地体现出某一个历史时期传统风貌和民族、地方特色的街区、建筑群等。历史街区包含了街区中的所有建筑及其环境整体的历史传承和街区文化特征，由于历史的发展演变和街区所处的区位差异，历史街区的土地利用功能和存在模式（如用于文化、商业、居住、工坊等）也各不相同。

② 国际组织对工业遗产的界定：在20世纪70年代，世界上诞生了第一个致力于促进社会性工业遗产保护的国际性组织——"国际工业遗产保护委员会"。2003年7月，在俄罗斯下塔吉尔召开的TICCIN大会上通过了国际工业遗产保护领域的纲领性文件——《下塔吉尔宪章》。宪章中明确指出："工业遗产"是指自18世纪工业革命以来（但不排除前工业革命时期和工业萌芽时期的活动）具有历史价值、技术价值、社会价值、建筑或科研价值的工业文化遗存。而我国则对工业遗产的界定做了符合国情的调整：工业遗产是具有历史学、社会学、建筑学和科技、审美价值的工业文化遗存（《无锡建议》）。

③ 陈燕：《当历史遇上创意——当下我国依历史街区相生的文创产业集聚区之行进过程初析》，载《东南学术》2012年第2期，第112页。参考并修改自：刘琼：《历史街区保护机制初探》，重庆大学2003年硕士论文。

等三位建筑师和规划师合著的《城市历史街区的复兴》(Revitalizing Historic Urban Quarters),书中所阐述的西方历史街区保护思想的演变过程,也正是我们正在经历或将要经历的一种变化。即对历史环境的保护必须是地区总体发展战略中的一部分,也是地区社会经济结构及其功能变革的一部分。只有这样,对历史环境的保护才能摆脱单纯重视物质形态保留而忽视地区功能转型及社会经济活动变革的状况。书中所列举的许多英国的实例也与我国历史街区所面临的问题大同小异,其物质环境也都破败不堪、人口老龄化严重、街区功能单一、对城市居民甚至本地居民没有吸引力等等。如何使具有很高文化价值的历史空间接纳某些现代和未来社会的功能,并通过合理而必要的保护、修复和整治措施,进行可持续性的保护和振兴,这应该是历史街区保护的真正原则所在。通过外在的物质环境保护与内在的街区功能更新,将历史街区的景观特色、传统文脉和文化内涵嫁接到新的社会经济基础之上,使其获得新的发展动力,这是大多数历史街区的振兴之路。

我国台湾学者李宜君所著的《台湾的再生空间》,对台湾各地的闲置空间再生案例做了详尽的调研和分析,探讨了台湾闲置空间的再生过程、文化创意产业与闲置空间的关系,并预估了闲置空间再生后的前景。

同济大学的博士毕业生魏闽,经过7年的调研和撰写,完成了专著《复兴"义品村"——上海历史街区整体性保护研究》。该研究以正在实施中的建设项目"义品村"作为研究对象,通过实证调查,从建筑形态、街区功能、社区结构等方面入手,以个案为基础,探讨了历史街区的整体性保护和开发。历史街区的保护工作涉及多学科、多领域、多方的结合关系,不是一种简单操作方法的叠加,而是从理论到实践的结合与交织,建立在非常复杂的构成框架之上。

关于工业建筑遗产保护与振兴的理论著作很多,例如俞孔坚2006年发表的《中国工业遗产初探》中,深层剖析了工业遗产的内涵,展示了工业建筑的潜在价值,强调了工业建筑遗产保护的紧迫性;2006年单霁翔发表的《关注新型文化遗产——工业遗产的保护》,介绍了国内外工业建筑遗产保护的相关经验，在揭示工业建筑遗产价值的同时提出了我国工业建筑遗产保护的相关注意事项；2007年左琰的专著《德国工业遗产的保护与再生》，追溯了德国工业建筑遗产的保护历程，对近代柏林的工业厂房处置进行归纳分析，从保护和再生的社会介入层面和再生设计中的策略选择、技术运用、节能化改造等方面进行了多角度的探讨；2009年王红军的《美国建筑遗产保护历程研究》一书，以美国的四个主题事件作为研究索引，探讨了美国建筑遗产"从个案到群体、从局部到整体"的立法、管理、运作和公众参与的保护思路、保护策略和保护历程。随着时代的迅速进步和城市化发展步伐的加快，我国普遍大中型城市在改造过程中遇到的问题也呈现着逐年上升的趋势，对工业建筑遗产进行规范有效的、符合发展需要的改造和再利用，是所有工业建筑遗产面临的共同问题。

对于文化创意产业的集聚和集聚区的形成研究也甚多：褚劲风的《创意产业集聚空间组织研究》，从上海创意产业集聚的空间态势、分布规律、推进模式等方面，分析了上海创意产业集聚空间分布的规律；从上海创意产业集聚的外生空间和内生空间等方面，用定性和定量相结合的方法，在宏观与中观层面上，分析了上海创意产业空间组织的外部环境与内部动力；以组织网络为切入点，从微观层面探讨了上海创意产业集聚空间的内部规律。中国人民大学的牛维麟教授主编的《北京市文化创意产业集聚区发展研究报告》，阐述了文化创意产业集聚区的基本理论，设计了文化创意产业集聚区的评价指标体系，并对北京的21个文化创意产业集聚区案例的发展状况、影响力、政府扶持政策及发展对策等方面进行了调查与研究。侯汉坡的《北京市文化创意产业集聚区案例辑》，对百工坊传统工艺美术基地、北京欢乐谷生态文化园、大红门服装服务创意产业集聚区等11个北京市的文化创意产业集聚区典型案例进行了研究，分析其发展历程及取得的成绩、成功的经验和独特之处、发展中的不足和下一步发展思路与设想等，是对实践层面的深入研究，引导和启发了文化创意产业的相关主体。

学者李向民著述的《精神经济》，提出精神经济时代已经到来，人类应当建立一门崭新的学科——精神经济学，以精神经济活动为主体的精神经济学，不仅具有较高的理论价值和深远的历史意义，并对当下社会产生重要的现实意义：从理论上进一步阐明了物质文明和精神文明相互促进、共同发展的原理；揭示了精神经济活动的各种规律，指导人们更好地进行和参与精神经济活动，提高精神生产力和人类精神生活水平；协助宏观精神经济的控制和微观精神经济的管理等等。在精神经济学中，精神经济的特征和其对精神产品的研究，为本书提供了重要的理论研究依据和方法论。

综上，国内外对闲置空间中历史街区和工业建筑遗产的保护和振兴，和对文化创意产业集聚的分别研究都较为丰富，但对于闲置空间再生中文化创意产业集聚的专题研究基本空白；对闲置空间中历史街区和工业建筑遗产方面的文化创意产业集聚，其典型个案研究较为丰富，如云南大学文化产业研究院的侯云峰与施惟达的《昆明"创库艺术家主题社区"调查报告》，英国谢菲尔德哈勒姆大学 M. 莫斯的《勇敢还是愚蠢？——20 年来谢菲尔德文化产业区之回顾》，等等。但是对集聚的全国性综合的、系统的分析基本空白。本书试图通过对精神经济学的理解和分析，以精神产品研究作为理论分析基础，填补我国闲置空间再生中文化创意产业集聚形成机理研究的空白；为我国当下闲置空间再生中，文化创意产业集聚的发展和管理提供较科学的解读和支持。

第二节 本书研究对象与范围

我国的很多地区都拥有具有一定历史文化氛围的历史街区或具有特殊历史价值的工业建筑遗产等闲置空间，它们各自营造着特有的场所感和认同感，散发着地区的魅力和活力。这些闲置空间的形象特征和功能特性都和所在地区的整体紧密联系，对闲置空间进行科学合理的保护和开发，就意味着对该地区整体的有效保护和开发，影响着地区的居住活动和生活环境，更吸引着各种各样的商机，是振兴地区和与其他地区闲置空间整合的重要途径。

20世纪60年代时，闲置空间在多数人眼中只是一些老旧不堪的场所，随着价值观的逐渐改变，到20世纪70年代，人们开始重视对闲置空间中属于历史街区和工业建筑遗产的那一部分，并对其进行保护，从保护单体建筑和历史文化遗迹逐渐发展到保护历史建筑乃至周边的整体环境。但毕竟不可能将所有历史街区和工业建筑遗产都改造成博物馆和博物馆区，因此需要设法让闲置空间再生，将他们融入地区的整体功能当中。闲置空间的保护政策也因此历经了一个从早期重视限制性保存的单一化措施的制定到后来的推动空间整合与振兴的演变过程。这样的"再生"，需要在敏感的文脉和环境、在限制和激励中展开，"在经济发展所引起的变革和保护需求对物质环境所做出的限制之间寻找平衡，通过对经济的开发和发展为闲置空间的保护和改善提供财政支持"①，在创造场所感和保护良好环境的同时，重建闲置空间的经济基础。

"闲置空间"源自台湾的惯用说法，指原有阶段性功能已经消失，而目前使用功能不彰，可以有更积极的使用方式或者潜力之空间②。本书中闲置空间的研究范围既包括拥有历史性人文特征、完整文化风貌或优秀文物古迹的建筑遗产；也包括具有特殊资源特性和场所感的旧厂房、旧仓库、旧码头等建筑空间，尤其包括刻画着人们居住、生活或者工作印记的，具备一定片区规模特征的闲置建筑群。③可见，本书所探讨的闲置空间，不仅局限于人们通常所提及的历史街区和工业建筑遗产，凡是既定使用的功能逐渐丧失、遭到废弃乃至呈现出一种闲置现象的空间，记录着当时使用的建筑素材、颜色、构法等，反映着当时的使用形态、建筑风格、建筑空间以及建筑语汇，乃至周边环境所构成的社会脉络及纹理，如社会风貌、经济活动以及当地产业等，都是本书讨论的闲置空

---

① 陈燕：《当历史遇上创意——当下我国依历史街区相生的文创产业集聚区之行进过程初析》，载《东南学术》2012年第2期，第115页。
② 王惠君：《万种风情、再现生机——闲置空间再生的契机》，载《文化视窗》2001年第4期，第16—17页。
③ 详见本书第一章第一节"闲置空间与再生理论"部分。

间范围,它们仍然具备历史意义和价值。

作为精神经济时代的高级产业形态之一,文化创意产业着眼于动态知识管理,跨越领域和行业对创意进行生产和再生产,具有创新性、原创性、文化性、集聚性、高科技性和高增值性等特征。在精神经济时代,产业的集聚可以通过技术和研究等方面的协同效应、辅助性行业、知识和人力资本,使产业在更大的范围和规模内,在更高的效率中创造效益,进而促使行业整体乃至区域的生产力和综合竞争力得到更加有效的提高。[①] 本研究选题的立足点和研究对象是闲置空间再生中的文化创意产业集聚。这不包括闲置空间中只有单一保存而没有在保护中进行合理有效经济开发的博物馆、文物单位等,也不包括与闲置空间无关、开辟新区专门建立的创意产业园区和集聚区。本书研究对象的集聚前提,是将我国各个地区的文化特质与区域文化产品形象的象征意义交织在一起,形成一定规模的、具有地方特色的创意产业集聚,尤其是具有特定时代特征或文化起源的集聚。

根据研究对象,笔者决定通过分析精神经济时代背景下我国闲置空间再生中,文化创意产业集聚的形成机理,阐明闲置空间与文化创意产业集聚的涵义和相互关系;分析我国闲置空间的资源特性和以资源特性为导向的文化创意产业进驻;根据空间形态的演变分析闲置空间的动态发展过程;根据产业结构的优化分析文化创意产业集聚的动态过程;以此探寻闲置空间再生中文化创意产业的最终形成过程。希望通过对有重要历史特征和场所感的闲置空间进行挖掘和分析,规避当下我国闲置空间趋于雷同、丧失个性的问题,抵制同质化倾向,使其发挥美学价值和文化价值;对我国适合文化创意产业进驻和集聚的闲置空间进行科学合理的开发,赋予其有效的功能,使其发挥经济价值。

这具有理论和现实意义,更是笔者的兴趣所在和十分关注的切实问题。

---

① 详见本书第一章第二节"文化创意产业的内涵"部分。

第三节 全文结构和研究方法

一、全文结构

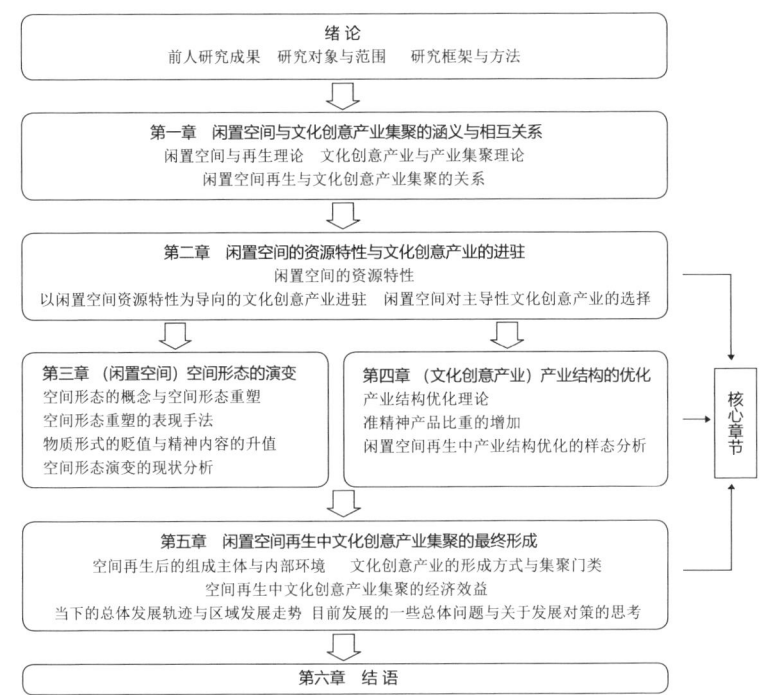

二、研究方法

本研究首先通过初步、广泛地了解我国各地闲置空间再生中文化创意产业集聚的典型案例，对全国各地的典型案例进行深入的实地调研，分析它们的资源特性和文化创意产业进驻的规律，了解其再生过程中空间形态的演变和产业结构的优化，分析它们形成模式和方法的异同。希望将实证研究的成果推而广之，为各具资源特性的闲置空间提供可行性的再生模式建议。在闲置空间再生中文化创意产业集聚的研究过程中，本研究主要采用了理论文献分析与调研实证分析相结合、全国总体情况的宏观分析与各区域具体案例的微观分析相结合，通过典型案例进行定性分析，以及多学科交叉研究等研究方法。

第一，广泛收集国内外与闲置空间再生、文化创意产业进驻和集聚的相关文献及各种资料，包括历史档案、硕博士论文、书籍、期刊、网络信息以及媒体报道等。在总结研究有关文献资料的基础上，把握闲置空间再生和文化创意产业集聚的内涵和相关理论，对我国的大量典型案例进行全面分析和研究，多渠道获取本研究所需要的各种资料。对我国各个典型闲置空间的原有形态和功能变迁进行梳理，较为客观地分析各典型闲置空间从衰败到再生的历史脉络，进一步了解它们所具有的资源特性，寻找推动其再生的主导力量。

第二，在初步了解我国大量典型案例、对全国总体情况进行宏观分析的基础上，选择北京798、宋庄；上海田子坊、8号桥、苏州河M50；丽江四方街；成都宽窄巷子；福建鼓浪屿、月记窑、三坊七巷等我国各地最为典型的几个再生空间进行实地调研工作，现场调研和后期梳理的微观分析内容也构成了本研究的主体部分，从实际调研过程中获得的一手资料和数据也显得较有说服力。

第三，对我国闲置空间再生中文化创意产业集聚的形成机理进行定性分析的基础上，重视相关数据的采集和分析，使结论更具有科学性。与此同时，还采用了多学科交叉研究的方法。因为闲置空间的再生和文化创意产业的集聚，是在时代进步、经济发展和社会环境改变等多重影响下形成的，其形成机理研究，必然涉及了经济学、艺术学、社会学、建筑学等多学科和多角度。闲置空间再生中的文化创意产业集聚研究，是要研究如何通过引入文化创意产业，有望以新的产业结构来提升闲置空间的建筑功能、区域形态和文脉价值，在发展文化创意产业的同时，使已经衰败的闲置空间得以再生。

第一章　闲置空间与文化创意产业集聚的涵义与相互关系

第一节　闲置空间与再生理论

一、闲置空间的内涵

（一）涵义和发展脉络

1. 涵义

"闲置空间"源自台湾的惯用说法，指原有阶段性功能已经消失，而目前使用功能不彰，可以有更积极的使用方式或者潜力之空间[①]。本书研究的闲置空间的范围既包括拥有历史性人文特征、完整文化风貌或优秀文物古迹的建筑遗产；也包括具有特殊资源特性和场所感的旧厂房、旧仓库、旧码头等建筑空间，尤其包括刻画着人们居住、生活或者工作印记的，具备一定片区规模特征的闲置建筑群。

随着社会发展机制的逐渐转变，许多既定使用的空间原先的功能逐渐丧失、遭到废弃乃至呈现出一种闲置现象。这些空间往往记录着当时使用的建筑素材、颜色、构法等，反映着当时的使用形态、建筑风格、

---

① 王惠君：《万种风情、再现生机——闲置空间再生的契机》，载《文化视窗》2001年第4期，第16—17页。

建筑空间以及建筑语汇，乃至周边环境所构成的社会脉络及纹理，如社会风貌、经济活动以及当地产业等，这使许多闲置空间仍然具备历史意义和重要价值。

近年来，闲置空间已经成为台湾以及大陆各界的热门话题，各种与闲置空间相关的研讨会，多数围绕目前较为敏感的土地归属权和使用权、城市更新计划问题和消防法规等法令问题；民众对闲置空间的认知欠缺；艺术家和民众对闲置空间再利用的相关规划参与度不够等问题。目前，台湾就积极推出了各种"闲置空间再利用"的方案，在重现历史的同时，对生活的记忆进行再创造、增加文化艺术活动的空间，并注重在闲置空间再利用过程中融入文化创意产业。我国的闲置空间被关注的重点，主要是其如何改善局部空间和创造人文性的问题，保留空间的物理特性，改变已经退化的使用功能，挖掘其再生潜力。

2. 发展脉络

第二次世界大战后，大规模的城市重建在欧洲各国纷纷兴起，对原有建筑的处理问题开始逐步受到重视。1947年相继成立了国际文物工作者理事会①与保护和修复文化遗产研究中心②，人们开始关注旧建筑。

20世纪50年代，建筑修复逐渐开始盛行。米歇尔·里克斯（Michael Rix）（任教于英国伯明翰大学）在1955年发表的文章《工业考古学》（*Industrial Archeology*）中，提出要保护英国工业革命时代遗留下来的机械和各种相关纪念物，民间也同时兴起了协助调查、记录和研究工业遗产的浪潮，从考古的角度来看，这强调了建筑历史文化的重要性，闲置建筑的保护由此上升到了理论层次，政府制定政策和相关法律法规的步伐也由此相应加快。③ 1962年美国旧金山哥拉德利广场（Ghirardelli

---

① 国际文物工作者理事会，即 International Council of Museums，简称 ICOM。
② 保护和修复文化遗产研究中心，即 International Center for the Study of the Preservation and the Restoration of Culture Property，简称 ICCROM。
③ 张松：《历史城市保护学导论》，同济大学出版社2008年版，第204页。

Square 和 1964 年康那利（The Cannary）的先后修复，成为闲置空间修复的典型案例，原有的厂房或仓库被赋予了新的商业功能。

1964 年《威尼斯宪章》（*Venice Charter*）发表，对具有历史价值的旧有空间提出了保护和修缮的原则与方法，要求以人类社会对自身文化的理解来认识历史建筑的价值，这在全世界范围内引起了对建筑遗产保护问题的关注[①]。《威尼斯宪章》的产生说明了人们保护文化遗产尤其是建筑遗产意识的提升，是近代具有历史价值的空间保护和改造的开端，但其主要针对的对象并不包括一般性质的旧建筑等更宏观的范围，而只是享誉世界的历史文化建筑遗产。这一时期并未形成真正意义上的建筑空间再利用，旧建筑的改造主要还停留在政府行为，多数是个别现象。

20 世纪七八十年代之间也有许多与旧建筑保护和适应性再利用相关的文件出现：《建筑遗产的欧洲宪章》于 1975 年在欧洲会议上通过，明确提出保护旧建筑具有重大意义和历史责任；此外，《内罗毕建议》《马丘比宪章》和《华盛顿宪章》等，使旧建筑的保护和改造进入了一个新阶段。1979 年《巴拉宪章》在澳大利亚发表，继续关注闲置旧建筑的改造，明确提出闲置空间"适应性再利用"（adaptive reuse）的具体改造观念，为旧空间的转型和再利用提出了多种可行的实际方式，人们的思想从单一的保护，逐渐发展成为保护和适应性的并存，从一定程度上缓解了保护和利用之间的矛盾。此外，还提及了旧空间的"文化意识"问题：外在环境虽然随着时代而改变，但应充分认识旧有空间的文化价值，具备合理保存旧空间的文化意识，尽量避免拆除旧有建筑和建造新建筑带来的资源损耗，和对历史文化遗存的破坏。[②]

从 20 世纪 80 年代中后期到 20 世纪末，闲置空间再利用的思想和方法得到了较大规模发展，艺术手法也在大规模的运用中从个体走向普及，逐步成熟起来。1981 年，英国伦敦的中央市场和花卉市场，成功转型为

---

① 徐进：《闲置工业空间改造中 LOFT 文化的体现与深化》，北京交通大学 2009 年硕士论文，第 8 页。
② 同上。

现代化的商业设施、美术馆和博物馆，形成柯芬园。1986年，巴黎万国博览会所建的铁路车站更新为"奥赛美术馆"（Musee d'Orsay）。这些空间的改造和再利用，挑战了人们原先的生活习惯、传统美学观和约定俗成的形式，在满足现代社会人们对于便捷、高效的需求的同时，兼顾了个性的张扬，和对人的尊重。

我国对于闲置空间的保护和再利用始于20世纪90年代中期，1982年，全国人大常委会颁布的《文物保护法》"标志着我国对建筑的保护从此开始逐步走上正轨"[①]。旧建筑和闲置空间的改造有了良好的开局，但因为社会保护意识的普遍淡薄，和财力、物力的薄弱，保护缺乏全面系统的实施过程，旧建筑难以得到切实针对自身特点的保护方式，有待于进一步的系统化发展。

1994年，我国台湾在《十二项建设计划》中提出：建立附属机构，推动全台湾省文化艺术发展业务为目标，包括成立"文化资产保存研究中心""艺术村""传统艺术中心""民族音乐中心"等；强化县市级的文化艺术发展计划，包括以硬件设施为主的"文化中心扩展计划"；以地方文化艺术环境的现实考量，由文化中心负责推动长期性和全面性的"文化艺术发展计划"；建立了包括以硬件为主的"充实乡镇展演设施""美化地方传统文化建筑空间""主题展示馆的设立和文物馆藏的充实""美化空间"等社区文化发展计划。同年，我国台湾的"文建会"正式提出"社区总体营造"一词，后又于2001年提出"文化资产宣传年"及推动"闲置空间再利用"的方案。

近几年来，国际产业遗产保护委员会（TICCIH）所发表的《莫斯科宪章》阐明了工业建筑空间的有效利用价值：产业建筑包含并且继承着历史文化进程中的深层人类活动，其价值为人类所共同拥有。产业遗产的社会价值在于记录了人们曾经进行的社会生活，为其提供了重要的身份认证；

[①] 王文捷：《旧工业建筑再生中空间形象的重塑》，江南大学2010年硕士论文，第17页。

而其科学价值在于产业遗产记录了建造、工程和制造的历史进程。如果它的建筑设计或规划较有品质,那么它还可能具有较高的美学价值①,可见,这些闲置空间具有利用价值,承载着社会发展的过程,无论从形式上还是从功能上都应该充分发掘它们在当下的价值。可见,从《威尼斯宪章》到后来的《莫斯科宪章》,社会业界关注的眼光由粗到细、由大到小,逐步触及闲置空间再生的各种层面:产业转型、老旧空间改造和闲置建筑的合理再利用等一系列从宏观到微观的改变,从理论研究上对闲置空间的改造进行了有力的引导和指点。

(二)精神经济学研究中的闲置空间——其物质形式与精神内容

人类劳动的一般成果——不管是人们通常所称的物质产品,还是精神产品,主要由两个基本的要素构成:一是精神内容;一是物质形式。精神内容代表着人类文化的元素形式,是千百年来社会发展的精神积淀,是产品中凝结的思想、情感和技巧。而物质形式则是指产品中能够被人们的感观所直接感知的,精神内容所赖以附着在其上的外在物质载体。②

以闲置空间为例,它的精神内容是指:(1)它的使用功能(也许是生活住宅也许是工作场所);(2)它的建筑风格(也许是明清的古典也许是包豪斯的简约);(3)它的历史文脉(也许有名人遗迹也许有生活礼俗)等。它的物质形式则包括:(1)建筑的材料(可能是木材也可能是砖石);(2)具体展现出来的规模和尺度(可以是标准化的尺度也可以是特别打造的尺度)等。精神内容和物质形式是不可分离的。没有精神内容的物质形式是自然存在物,没有物质形式的精神内容是滞留在人脑中的抽象意识。

联合国教科文组织曾对文化产业做出了以下定义:"文化产业就是

---

① 徐进:《闲置工业空间改造中 LOFT 文化的体现与深化》,北京交通大学 2009 年硕士论文,第 9 页。
② 陈燕:《精神经济时代背景下非物质文化遗产的产业化道路》,载《福建艺术》2009 年第 6 期,第 43 页。参考自:李向民:《论精神产品》,载《江苏商专学报》1987 年第 1 期。

按照工业标准、生产、再生产、储存以及分配文化产品和服务的一系列活动"。2003年9月，我国文化部制定下发的《关于支持和促进文化产业发展的若干意见》中又将文化产业界定为：从事文化产品生产和提供文化服务的经营性行业。关于文化产品或者说传统意义上的精神产品，马克思和恩格斯在《德意志意识形态》一文中曾有过重要阐述：即"科学思想、政治思想、法律思想、哲学思想等观念形态的成果"。这种纯经验主义的概括自然有一定的道理，也反映了长久以来人们对精神产品概念的总体认识。然而随着社会经济和文化的发展，人们对物质、精神以及文化的认识也在发生改变。用原有的概念和定义对事物进行的划分似乎过于简单和粗糙。例如精美的汉代漆器应该作为生活用具归入物质产品还是应该作为艺术品而归入精神产品，而精雕细琢并且符合人体工程学的明清家具是实用的家具还是工艺巅峰的文化遗产？不用一根钉子全部使用榫卯木结构的唐宋建筑难道仅仅只能作为一座房子被当作物质产品？显然，依据长久以来传统的概念已经无法对这些事物进行科学和准确地归类。作为一门科学的研究对象，针对精神产品的这种认识的模糊和不足，学者李向民的"精神经济学"，对精神产品做出了更明确和深刻的界说。

　　学者李向民的"精神经济学"把按以上方法定义的精神产品称为"准精神产品"，即这种产品具备了精神产品的基本特征。例如我国形形色色的闲置空间中，有一些是拥有真实性历史特征、完整文化风貌或优秀文物古迹的建筑遗产，它们在历史文化中占据着重要地位、代表着地方的文脉发展、能够反映地方特色，这样的建筑遗产就属于"准精神产品"。又将"准精神产品"中所包含的精神内容，称之为"纯精神产品"，例如上述属于准精神产品范畴的闲置空间中所蕴藏的地方文化艺术等精神内容，就是"纯精神产品"。而人类将精神内容附于一般的物质产品之中，其精神内容就形成了"泛精神产品"。例如在上文提及[①]的旧厂房、旧仓库、旧码头，尤其是具备一定规模的街区性闲置建筑群中，引入文化创意和

---

① 详见本章第一节"闲置空间的内涵"部分。

文化产业方面的专业人才和各种发展建设条件，在充分挖掘闲置空间的再生潜力的过程中，注重对闲置空间的整体性保护、生态性保护、原真性保护等，逐步形成集聚规模，最终实现以文化创意产业集聚为导向的闲置空间再生，这就使这些闲置空间实现了从一般的物质产品逐渐向"泛精神产品"延伸的过程。

"泛精神产品"和"准精神产品"似乎遇到了抽象和具体、理论和现实的矛盾，"准精神产品"是有目共睹的，例如被誉为"城市里坊制度的活化石""明清古建筑博物馆"的福州三坊七巷。而"泛精神产品"深蕴在一般物质产品的内部，人们在论及精神产品时一般都很自然地把对象限定在准精神产品中，而在进一步的探讨中，却往往不自觉地把研究范围扩展到"泛精神产品"领域。首先，人们在研究精神产品时忽略了对其外在物质形式的考察，比如人们在谈到中国画时只注重其艺术审美方面的特性，却很少去讨论笔、墨、纸、砚在其中起到的作用；其次，人们研究"准精神产品"的精神内容时，常常在无意识中牵涉到其他产品的精神内容。在美学中，不仅有诗歌、音乐、雕塑的"艺术美"，而且也承认一般人类产品的审美价值。而对于技术成果，则不只限于对模型、样品的技术鉴定，更加重视它的实用价值，重视一般产品中的技术问题，实际上是公开地将"泛精神产品"纳入了研究领域。

为了进一步说明"纯精神产品"与"准精神产品""泛精神产品"的内在联系，请看图1-1：

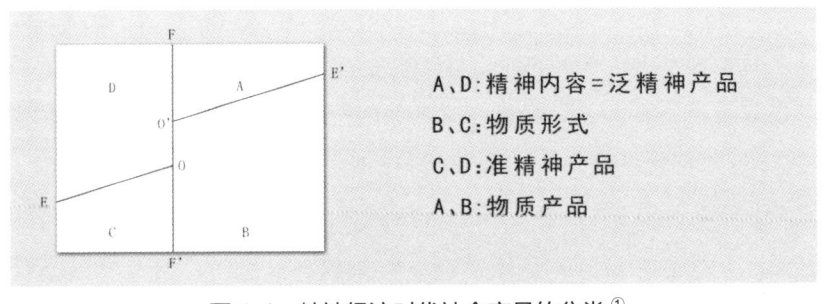

图1-1 精神经济时代社会产品的分类[①]

---

① 李向民：《论精神产品》，载《江苏商专学报》1987年第1期。

图 1-1 中的整个方框代表人类的全部社会产品。根据不同的方法对这个作为总体对象的产品进行划分，OE、O′E′线以上代表产品的精神内容（A、D），以下部分代表产品的物质形式（B、C）；FF′以左代表人们通常所说的精神产品（即"准精神产品"）（C、D），以右代表物质产品（A、B）。在精神经济学中，往往要分别以"泛精神产品"（A、D）和"准精神产品"（C、D）两个角度来对精神产品进行考察，当研究人类精神经济活动本质特征和运动规律时，必须舍弃掉一切具体的、偶然的物质形式，从而把"精神产品"定义在"泛精神产品"上，而且在一般情况下甚至还要进一步把对象限定在 D 象限内（纯精神产品）。这种抽象研究阶段处于研究进程的中间，在前后两个阶段，又必须转而将研究对象定义在准精神产品上，因为"泛精神产品"或"纯精神产品"是无形的、抽象的，而"准精神产品"却是实实在在的、具有特定物质外壳的客体[①]，因此，研究文化产品不能撇开准精神产品而直接去探讨抽象的"泛精神产品"。同样，也更无法仅限于研究"准精神产品"的各种具体形式，而不上升到对"泛精神产品"的实质性考察。这两种精神产品含义的有意识的转换实际上是具体——抽象——具体的研究叙述方法在精神经济学中的应用。因此，本书在选择集聚了文化创意产业的再生空间进行研究时，无论是拥有真实性历史特征、完整文化风貌或优秀文物古迹的建筑遗产（准精神产品），还是具有特殊资源特性和场所感的旧厂房、旧仓库、旧码头等建筑空间（纯精神产品向普通物质产品扩散，嵌入到普通物质产品所形成的产品泛精神化现象[②]），都纳入了本书的研究范围。

[①] 陈燕：《精神经济时代背景下非物质文化遗产的产业化道路》，载《福建艺术》2009 年第 6 期，第 43 页。
[②] 李向民、王晨等著：《文化产业：变革中的文化》，经济科学出版社 2005 年版，第 122 页。

二、有价值闲置空间的界定探讨

我国的闲置空间存在于全球化这一动态概念之中,但其所被投入的情感和认同其实没有摆脱我国特定社会形势和权利的束缚。换句话说,我国闲置空间的价值判断和保护观念是难以完全融入全球化概念的,总还有其他脉络会影响闲置空间的意义。我国闲置空间的各个方面价值,必然涉及各方立场和各社会角色的竞争。[①]

我国对于文物古迹和建筑遗产的有意识保护可追溯到很早之前,但是对于有价值闲置空间的全面重视则是近几年才初步开始的。作为过去所留下的有形遗产,许多闲置空间都具有各具特色的组成要素、肌理特征、形态结构、场景意义等,传达着场所感和连续性,体现着特殊的文化价值、社会价值、美学价值、建筑价值、历史价值、区域文脉价值和场所感价值等多方面的精神价值[②]。建立对闲置空间清晰而正确的认识,不仅有助于改善人们对有价值闲置空间的忽视态度,更有助于闲置空间实际保护和再生工作的展开。

(一)美学价值及闲置空间建筑的多样性

我国很多闲置空间的建筑兼具坚固和优美,例如以古典形式和雕塑加以装饰的立面,在形态、色彩、材料等等方面的艺术表现力,都展现了雕匠和石工的传统技艺和个性魅力,正如上文中提及,这些在以丧失个性为代价换取物质上的舒适感、廉价的产品和安全性能的当下倍显珍贵,也难怪很多人在潜意识中其实都对注定会磨损风化的自然材料具有本能的认同感[③]。

这些闲置空间的美学价值也与不同时代建筑的多样性密切相关,否则无论多么精彩的片段也经不起时间和重复性的考验。许多闲置空间是

---

① 陈燕:《当历史遇上创意——当下我国依历史街区相生的文创产业集聚区之行进过程初析》,载《东南学术》2012年第2期,第114页。
② 同上,第115页。
③ 详见本书绪论"建筑遗产"部分。

由特定时间里、不同种类和模式的建筑组成，在过去和现在的并存中，过去就有了价值。"不同时间中的结构差异性，逃脱了单一存在的专制状态和未来的单调，如果未来是仅仅由过去的单一方式组成的话，那该是多么的单调啊"①。换个角度来看，闲置空间及其多样性建筑的存在，使得相对世俗平凡的闲置空间也有可能为现在乃至将来的区域景观贡献出美学价值，并为环境的多样性做出贡献②。

此外，闲置空间建筑的多样性还从宏观上带来了所在区域环境的多样性和功能的多样性。例如多样性建筑由于建筑时间和空间类型的区别，扩大了使用对象的范围，增加了使用功能，甚至可以为相邻区域中的不同功能用途之间产生协作提供可能。闲置空间可以以较低的租金提供给一些在经济方面勉强达到收支平衡，但却有着比较重要的社会作用的对象，为他们提供一个相对合适的活动场所。

(二) 区域的文脉③ 连续性和场所感价值

我国的许多闲置空间都是一个时代经济和社会发展的记录载体，作为过去生活和社会经济发展的一个组成部分，蕴藏着历史文化记忆的连续性，其所带来的场所感价值和文脉连续性，也进一步扩展了闲置空间

---

① ［美］刘易斯·芒福德（Lewis Mumford, 1895—1990）：《城市文化》，中国建筑工业出版社2009年版，第8页。
② 陈燕：《当历史遇上创意——当下我国依历史街区相生的文创产业集聚区之行进过程初析》，载《东南学术》2012年第2期，第117页。
③ "文脉"是一个在特定空间发展起来的历史范畴，包含的内容很广泛。狭义上指"一种文化的脉络"，美国人类学家艾尔弗内德·克罗伯和克莱德·克拉柯亨指出："文化是包括各种外显或内隐的行为模式，它借助符号的使用而被学习和传授，并构成人类的成就；文化的基本核心包括由历史延伸和选择而形成的传统观念，尤其是价值观念；文化体系虽然可以被认为是人类活动的产物，但也可以被视为限制人类作进一步活动的因素。"克拉柯亨把"文脉"界定为"历史上所创造的生存式样系统"。——张明欣：《经营城市历史街区》，同济大学2007年博士论文，第114页。

的美学价值①。

　　场所感基于场所的自然特征之上，是对其包含及可能包含的人文思想和情感的提取和注入，是人与自然、时间与空间、历史与现世的结合，保留着人的思想和感情印记，是人对场所的特殊感受。场所感还涉及文化认同问题，在文化景观和人文地理学的含义中，文化认同是对场所感的适应，是一个地方有别于其他地方的地理特性。②许多闲置空间能够带给人们特殊的场所认同感，这些场所认同感在社会的发展变化中也有利于保持文脉的连续性。过去历史中实实在在可见的证据对场所精神和地方发展有益，在特定的场所中，在场的许多闲置空间是一段时间的证明。因为解释了过去，也使现在有了意义。历史记忆是无声的、潜在的、珍贵的无形资产，需要人们体验、认识、保护和开发利用。当下人们对一定场所范围内的历史文化记忆和历史文化意象③日益感兴趣，这主要源自全社会对现代空间丧失个性、趋于雷同的焦虑，和对全球文化同质化倾向的抵制④。

　　但是正如上文提及，在全球化的形势下，我国还是难以避免受到特定社会形式和权利的束缚，这导致了对闲置空间文化记忆连续性的关注被人为地利用，闲置空间在保护和振兴过程中面临受扭曲的价值观，被赋予特殊的政治意义，怎样的历史文化记忆会得到保护，拥有选择权的人会以自身对历史的认识和现实需求来决定⑤。

---

① 陈燕：《当历史遇上创意——当下我国依历史街区相生的文创产业集聚区之行进过程初析》，载《东南学术》2012年第2期，第118页。
② 张明欣：《经营城市历史街区》，同济大学2007年博士论文，第129页。
③ "历史意象是人们在生活中对历史遗存直接或间接经验的认知，是通过大脑想象可以回忆出来的地方历史印记。是对客观存在的历史表象的主观反映。"——张明欣：《经营城市历史街区》，同济大学2007年博士论文，第124页。
④ 陈燕：《当历史遇上创意——当下我国依历史街区相生的文创产业集聚区之行进过程初析》，载《东南学术》2012年第2期，第115页。
⑤ 同上。

（三）具备精神经济时代产品的价值属性

在精神经济时代，产品的发展必然要求人们更深入地了解产品的价值属性。精神经济时代产品的价值属性是指精神经济时代产品具有内储存能量和可释放能量的性质，前者是指精神经济时代产品在经济学意义上的价值，后者则是其使用价值和学术价值。在精神经济的时代背景中，判断闲置空间是否能以精神产品的形式保存并实现可持续发展，应考察其价值、使用价值和学术价值等三个方面。[①]

所谓精神经济时代产品的价值是指精神经济时代产品凝结的一般人类劳动。精神经济时代的产品是人类劳动的产物，并不只是用于满足生产者自身的精神需要，需要通过交换流向非生产者，从而实现其本身的真正意义。这种意义只有通过交换才能完全地得到实现，亦即凝结在精神经济时代产品中的劳动只有通过交换才能获得经济社会的承认，生产者才能因此在社会中取得一定的经济权力（货币），从而确立其在社会中的真正地位。精神经济时代背景下得以保留和实现可持续性发展的闲置空间，是要通过对经济的开发和发展，赋予其价值，为其保护和改善提供财政支持，在创造场所感和保护良好环境的同时重建闲置空间的经济基础。

精神经济时代产品的使用价值是指其能够满足人们某方面精神需要的属性。它包括认知价值、审美价值和伦理价值三方面，各种精神经济时代产品中使用价值的这三部分组合方式和构成比例都不相同。例如科学理论的认知价值比较大，艺术作品的审美价值比较大，宗教的伦理价值最为突出。并且在一般情况下，这三部分使用价值又是相互融合、相互制约的，我国日益受到重视的再生性闲置空间，其使用价值就充分体现了认知价值和审美价值的统一。

[①] 陈燕：《从"文化产业的精神产品"到"精神经济的精神产品"——再论李向民精神经济学研究之精神产品》，载《福建省艺术研究院 2011 年学术年会论文集》2012 年版，第 159 页。参考并改动自：李向民：《论精神产品》，载《江苏商专学报》1987 年第 1 期。

再来看看精神经济时代产品的学术价值，它是指精神经济时代的产品能推动人类总的思想发展的属性，是其精神属性，也是其特有的价值范畴。由于精神生产具有创新性，因此从某种意义上说，每一种精神经济时代产品都是人类思想认识发展中的里程碑。当然，各种精神经济时代产品的创新程度是不同的，对后世的影响也不一样。学术价值反映了精神经济时代产品在思想发展史上的地位，它既不同于使用价值，也不同于价值。我国的闲置空间，尤其是在历史文化中占据重要地位、代表地方文脉发展的、能够反映地方特色的建筑遗产，不仅具有价值和使用价值，还具有很高的学术价值，例如对于如今的建筑设计和规划来说具有重要的艺术研究价值。

（四）经济价值是其他一切价值的基础

目前对于我国闲置空间的保护和再生价值探讨，多数还是停留在文化价值、社会价值和美学价值等精神价值层面，较少涉及实际的经济价值和商业价值。而当下我们面临的现实情况是，在公共资金无法资助的那些需要或希望得到保护的项目中，闲置空间保护和再生的动机基础往往是商业利益和经济利益。然而经济的理由却常常被放置于保护和维护的对立面上。不论是否是自由市场，或是否存在明显的公共干预，闲置空间置身于社会主义市场经济中，承载着多样性的价值，要求具备有效的经济价值，这成为其他一切价值的基础，合理的经济和商业目标是保护和再生赖以维持的基本条件。如果缺乏商业性理由支撑，被公众认为是值得保留的闲置空间往往无法在市场中得以有效的保护和延续。

从经济学的角度来看，闲置空间要具备经济价值，同样需要具备稀缺性、购买力、需求和实用性等四大经济学的价值特性。作为蕴藏着丰富历史文化记忆和意象的闲置空间，普遍具备一定程度的稀缺性，数量上的稀缺性甚至能直接创造经济效益，首先具备了商业附加值；闲置空间的稀缺性还体现于其不可替代的方面，这既包括闲置空间建筑表象的物质内容方面，也包括其各具特色的精神内容。而购买力、需求和实用性等方面，则牵涉到闲置空间的保留和再生是否比其他替代方案更具经济价值的问题，换句话说，闲置空间必须具有比它们的竞争对手更低的使用成本。① 具有不可复制性、建筑历史性、景观稀缺性、场所品质性等个性特征的闲置空间，就具有了满足个性化需求的市场优势。

普遍情况下，市场上长期存在着一定程度的、随时有可能投资于任何地方的购买力，但商业愿望必须要和占有者、使用者、投资者三方的功能和经济用途相吻合，若相关因素都具备，这些购买力就会被吸引。

这就涉及闲置空间与现代需求之间的不协调问题，各种闲置空间往往缺少实用性和市场需求，建筑物的折旧与过时导致实用功能的减少或稀缺，折旧意味着使用价值的降低，事实上建筑从建成的第一天起就开始过时……集实用性和审美性于一体，是人们物质和精神需求的共同体现，闲置空间的实用性也体现在物质和精神两个方面。从物质实用性的角度来说，闲置空间需要具备一定的功能以满足使用的需求；从精神实用性的角度来说，闲置空间需要具备一定的审美价值和艺术价值。精神实用性可以产生文化价值，并且可以直接或间接地产生经济价值，这体现了人们对人文资源和文化遗存的追求。

闲置空间的保护、再生和经营，其各方面价值之间是互相依存、相辅相成的行为过程。物质方面因素的更新改造可以提升闲置空间的使用价值和美学价值，进而提升其经济价值，利用经济价值的回报可以为闲置空间的保护和再生提供资金，用于物质方面需求的进一步更新；物质方面因素的更新可以更好的承载精神因素，使之得到保护；精神因素得以保护则可以催化闲置空间的价值经营……如果各方面能有机地融为一体，成为闲置空间新的生命链，将有利于其健康的发展；对于闲置空间各种价值内涵的深入挖掘，也将有利于人们对当下的闲置空间保护与再生问题产生较为清晰和正确的认知。

---

① 陈燕：《当历史遇上创意——当下我国依历史街区相生的文创产业集聚区之行进过程初析》，载《东南学术》2012年第2期，第117页。

三、闲置空间的再生需求

《辞海》中"再生"的定义包含了两方面内容,一是指生物体中一部分重新生成完整机体的过程,也称为重生;二是指生物体对失去的结构重新自我修复和替代的过程。① 可见,再生是一个不断自我更新、改造和发展的过程。美国《建筑、设计、工程与施工百科全书》(*Encyclopedia of Architecture, Design, Engineering & Construction*)中提出:建筑再生利用是指在建筑领域中,借助对新的使用机能的创造,或者借助对建筑的重新建构(reconfiguration),使其原有功能得以满足某些新的需求,重新延续建筑和空间生命的行为,有时也被称为建筑适应性(Adaptive)再利用。文中提及,再生是要转化和改造原有建筑,使其适应新的使用内容和方式,根据实际情况以不同程度保留闲置空间历史特色的过程,闲置空间的再生有利于闲置建筑历史价值的捕捉和建筑新活力的诞生。②

闲置空间再生的核心是空间功能的置换,挖掘原有闲置空间的潜力并进行开发,分析再生后新空间的属性需求,研究最新的技术方法和手段,尽可能满足闲置空间诸如通风、采光、保暖、隔热等方面的物理需求,表象上是对空间形态的重塑,内在上则是对整个空间进行改造,促进空间形态的演变。根据现状,我国各地闲置空间的再生需求主要体现在当下的时代背景、地理空间在当下经济价值尺度上的外在需求,以及闲置空间在当下经济价值基础上已经"过时"的内在需求等方面。

(一) 时代背景

1. 社会经济和城市的快速发展

闲置空间的再生需求综合了社会发展的多重因素,特别是社会经济

---

① 李春艳:《太湖新城华庄镇中心城区旧住区的空间特色及再生研究》,江南大学 2011 年硕士论文。
② John Wiley&Sons: *Encyclopedia of Architecture, Desihn, Engineering &Construction*, New York, 1988p.73.

和城市的快速发展引发了多元文化和多重生活方式，空间的功能必须配合社会经济和城市发展中的各种活动，满足人们多种多样的新需求。作为一个形态完整的有机体，城市空间内部拥有着新陈代谢的过程。社会经济的发展促使城市职能不断转变，这进一步导致了城市中部分建筑及其附属设施面临消亡；新的生活方式、新的社会生产结构和新兴产业的陆续涌现，又加剧了建筑自身功能和社会需要之间的矛盾。对当下的闲置空间进行维护、改建或扩建，进行适应性的再利用，成为调和矛盾的方法之一，更是社会文明程度的一种衡量方式，是公众对文化认可度的反映。

2. 可持续发展的思想理论

瓦尔特·本雅明（Walter Benjamin）说过：即使是废弃建筑物，也会留下各种印记，揭示着过去各个时期的各种记忆、梦想和希望。[1]

在社会经济和城市快速发展的当下，人们逐渐认识到资源的有限性，减少资源消耗和加大环保力度等可持续发展的思想逐步深入人心。我国当前的建筑行业正值高速发展期，其发展难免带来严重的资源消耗和环境污染。具体到旧建筑领域，若将旧建筑做分解或者拆除处理，又将造成二度资源消耗和污染。因此，对闲置空间进行再利用，是可持续发展理论的实践运用，有助于缓解资源的消耗，减弱环境的污染。

3. 对新旧价值的人文情感

毛文滔说过：文化是人类创造出来的，长期作为衡量一个国家和民族文明程度的标准。作为一切艺术形式中最依赖实质层面的表现形式，建筑可使置身于其中的人们在场所和历史事件的共鸣中获得灵感，它是社会经济发展在各个历史时期的见证之物，通过自身的物质形态，建筑可以反映出某个时代的经济、文化、政治、军事等多方面深层次的历史

---

[1] 瓦尔特·本雅明，德国现代卓有影响的思想家、哲学家和马克思主义文学批评家。

信息。①

一方面，闲置空间，尤其是刻画着人们居住、生活或者工作印记的、具备一定片区规模特征的闲置建筑群，往往蕴含着区域的文脉连续性和场所感价值；另一方面，当今社会的多元化带来了文化的丰富多彩，而全球化效应又促进了全球文化的交融、部分文化的趋于消亡和逐渐统一，各地区的闲置空间不乏历史遗存中被大众普遍接受的、符合大众情感需求的文化信息。闲置空间的再生，是对区域文脉连续性和场所感价值的肯定和尊重，是一种新兴的审美标准，是一种非物质的、抽象文化的延续，是社会文明进步的体现。

(二) 外在需求：地理空间在当下的经济价值

改革开放后，社会主义市场经济与社会主义基本制度相结合，用以描述我国的经济形式。社会主义市场经济是市场在资源配置中起基础性作用的经济，是商品化的经济。社会主义市场经济以"计划经济为主，市场经济为辅"，将市场经济和社会主义制度相结合，确认了"社会主义经济是公有制基础上有计划的商品经济"，即其具备了市场经济的一般共性。②

在社会主义市场经济条件下，闲置空间面临着一些问题，首先是地理空间在当下的经济价值问题：作为资方角色的地产商身处市场经济的一般共性中，必然希望土地是以他们的利益作为基础进行最有效安排，但这样的安排往往不符合大多数人的最优选择，此时地产商等资方角色就会努力选择最小成本付出的途径来说服其他人。作为国家宏观调控的角色，我国政府在面对市场权利掌控时所表现的实际行动，面对地产商

---

① 毛文滔：《城市的旧建筑改造随想》，载《南京艺术学院学报（美术与设计版）》2005年第3期。
② 陈燕：《当历史遇上创意——当下我国依历史街区相生的文创产业集聚区之行进过程初析》，载《东南学术》2012年第2期，第116页。

等资方角色和多数人的最优选择,该何去何从?①

我国与闲置空间的存亡息息相关的社区营造和地产开发等项目,在长期以来都为人们所诟病,而土地的使用也经常被政商关系权力结构所扭曲。我国的地区财富很大比例被用于建设,政商关系的扭曲和建设的巨大投入往往使得地产商和建筑公司遭受恶名,经济等多方面原因也使闲置空间拆与保的斗争胜负难分,"建设性破坏"屡见不鲜。作为商品的珍贵土地,在社会主义市场经济体制下具有浓烈的政治性,多数人的利益在效率最大化的追求中实际上遭受了损害,许多历史和文化的记忆也同时受到破坏。可见目前的区域规划往往很难实现公平,我国当下的市场体系也难以达到真正的统一开放。政府作为宏观调控体,以间接手段为主,要想真正成为社会主义市场经济体制的有效调节器还需要一个漫长的过程。②这其中隐藏着区域规划的大量问题,更体现了闲置空间合理再生的迫切需要。

(三)内在需求:当下经济价值基础上的"过时"

上文提及我国的闲置空间具有多方面的价值,建筑的多样性增加了闲置空间所在区域的个性和特色,更使这些具有历史文化记忆的场所历久弥新。但是,在当下经济价值的基础上也引发了一些"过时"问题,正如史蒂文·蒂耶斯德尔等学者所分析的:"许多问题与建筑本身和/或地段过时有关"。城市(乡镇)的变化和街区建筑结构与区位的相对固化,终将难免因周围环境的不断变化和使用年限的超过而"过时"和降低使用率。而若采取单一的限制性保护和规划,又可能对发展闲置空间产生抑制和阻碍效果,影响其获取合理的或者最大化的收益,导致作

---

① 陈燕:《当历史遇上创意——当下我国依历史街区相生的文创产业集聚区之行进过程初析》,载《东南学术》2012年第2期,第116页。
② 同上。

为闲置空间基础价值的经济价值难以实现。①

闲置空间的这种"过时"是以现代的标准和期望值来衡量的，包括空间及建筑形象、物质结构、功能、地理区位等方面。

形象"过时"主要指固化的闲置空间的外在形象和建筑的空间结构已经很难发挥其原来服务的各种功能，虽然由于价值观的发展和变化，有部分闲置空间因其特有的外在形象、传统性和可识别性特征而日益得到关注和肯定。但从总体来看，闲置空间的保护与再生需要严格审慎的形象设计。物质结构的"过时"主要是闲置空间建筑在时间、气候、交通和地基变动等各方面的长期影响下逐步发生的，可见物质结构的"过时"强烈地依赖于经济基础，需要通过彻底修复和持续保养才有可能得以维持。功能"过时"使闲置旧建筑的布局丧失了曾经的使用功能，难以适应当下的使用需求，例如缺乏空调系统、电梯、现代化通信设施以及充足的停车场等等，功能的"过时"容易导致技术缺陷和降低地产商的竞争力。地理区位的"过时"则普遍是因为城市（乡镇）格局的变化，其相关的市场、供给、交通配套设施等随之发生变迁，致使这些固化的闲置空间难以适应格局变化的冲击。②

另一方面，如今的新技术层出不穷，针对旧建筑处理和改善的各种新技术的产生和应用，才使闲置空间的改造和适应性再利用成为可能。而生态、环境等问题的日益严峻，又促使人们关注的重心日益偏向于形式、形式的独立和形式意义的表达，促使技术向艺术靠拢，进一步体现了现代社会的人文关怀。

---

① ［美］史蒂文·蒂耶斯德尔、蒂姆·希思、塔内尔·厄奇：《城市历史街区的复兴》，张玫英、董卫译，中国建筑工业出版社2006年版，第22页。
② 陈燕：《当历史遇上创意——当下我国依历史街区相生的文创产业集聚区之行进过程初析》，载《东南学术》2012年第2期，第118页。

第二节　文化创意产业与产业集聚理论

一、文化创意产业的内涵

（一）涵义和发展脉络

如果说 20 世纪上半叶，世界范围内的竞争主要集中于硬实力产业方面的话，那么 20 世纪下半叶，竞争的主题则更多地围绕软实力产业方面，局势产生了根本的改观。硬实力因素需要通过文化价值和文化内涵来提升自己的能级，所谓以"文化搭台、经济唱戏"来为产业发展造势的模式已难以满足精神经济时代的需要。在精神经济时代，国际社会更需要自然科学和社会科学、创新科技和文化内涵的融合发展。创意产业就是这两者结合的产物：创新科技使网络技术应运而生，网络的出现改变了信息获取的时间、空间和成本，使技术的进步在各种业务和产业的边界发生，这为创意产业的出现提供了技术支撑，传统产业的边界逐渐模糊，过去的商业模式逐渐被颠覆。

创意产业的概念最早出现在 1998 年出台的《英国创意产业路径文件》中，该文件提出："创意产业是指从个人的创造力、技能和天分中获得发展动力的企业，以及通过对知识产权的开发，创造潜在财富和就业机会的活动"。按照约翰·霍金斯的定义，创意产业以智力资产的创造作为标志：专利、商标、版权和设计。广义上说，创意产业包括了所有涉及版权、专利、设计和商标的产业；狭义上说，创意产业指的是文化产业或者内容产业。[①] 联合国对于创意产业的定义为：结合先进技术和创意才华的一系列基于知识的活动，其产出受知识产权的较大保障。创意产业生产和分销的产品和服务是以文本、符号和图像为中心。[②] 而香港对于创意产业则存在以下定义：创意产业是一系列经济活动的集合，这些经

---

① Hoekins John: *The Creative Economy*, Penguin Books, 2001.
② 蒋三庚、王晓红、张杰主编：《创意经济概论》，首都经济贸易大学出版社 2009 年版，第 3 页。

济活动指的是开发以及利用创意、科技、技能和智力资产进行生产、发布有社会文化内涵的产品和服务。从本质上说,创意产业是一个生产系统,通过这个生产系统,财富的创造和工作的提供的潜力得以成为现实。[1] 这一定义是对英国所研究定义的沿袭与发展,创意产业与过去创新科技背景下所形成的产业不同,不再以生产制造作为思考的核心,而是突出了文化的作用,产品的内核是深厚的文化内涵,强调文化、创意和创新技术。

最先使用文化创意产业概念的则是台湾地区,台湾于2002年制定了文化创意产业发展规划、行动方案以及若干个专项计划,并将文化创意产业定义为:源自创意或文化积累,透过智慧财产的形成和运用,具有创造财富和就业机会的潜力,并有利于促进整体生活环境提升的行业。[2]

在参考国际经验的基础上,北京于2006年12月出台了《北京市文化创意产业分类标准》,第一次从产业链的角度界定了文化创意产业的概念:文化创意产业是指以创造、创作、创新为根本手段,以文化内容和创意成果为核心价值,以知识产权实现或消费为交易特征,为社会公众提供文化体验的具有内在联系的行业集群。[3] 作为精神经济时代的高级产业形态,文化创意产业着眼于动态知识管理,跨越领域和行业对创意进行生产和再生产,具有原创性、文化性、集聚性、创新性、高科技性和高增值性等特征。[4]

在精神经济时代,文化创意产业一方面对国民经济具有直接的影响,例如文化艺术影响着国内生产总值、就业的贡献额度等;另一方面还对国民经济具有间接的影响,例如创意产品消费的"乘数效应"、创意产业通过精神内容向其他服务业和传统制造业的扩散和转化形成的产业扩

---

[1] Baseline:*Study On Hong Kong's Creative Industries*, 2003.
[2] 陈燕:《当历史遇上创意——当下我国依历史街区相生的文创产业集聚区之行进过程初析》,载《东南学术》2012年第2期,第112页。转引自:张京成主编:《创意产业导论》,学林出版社2006年版,第4页。
[3] 李万峰:《产业集聚区:科学发展观的科学体现——北京市文化创意产业集聚发展研究》,中国文联出版社2010年版,第21页。
[4] 陈燕:《当历史遇上创意——当下我国依历史街区相生的文创产业集聚区之行进过程初析》,载《东南学术》2012年第2期,第113页。

散效应、创意产业的产品和服务对文化认同、社会的福利和人民生活质量的贡献等。文化创意产业所生产出来的文化创意产品，属于精神经济学中的准精神产品。

(二) 精神经济时代的三大支柱影响着文化创意产业的发展

"在物质产品的生产还处于上升时期的时代，精神因素的作用主要是潜在的和间接的。而当物质产品的生产力得到较大发展之后，经济活动中的精神因素开始更为活跃，并成为经济活动的主导因素。"① 技术、设计、品牌是精神经济时代的三大支柱，它们影响着文化创意产业的发展。

首先，人类在满足自身需求、改善生存环境乃至改造世界的过程中，伴随着科学技术的生产性应用。技术进步在科技发展规律的作用下不断加速，技术的创新和运用对文化创意产业的发展产生了重要意义，同时，文化创意产业对技术的依赖性也在逐渐增强。其次，当人类各种基本的生存需求得到满足之后，对美感的追求就逐步上升为影响整个市场的重要因素了。在重视"美学经济"②的当代生活消费方式的当下，作为准精神产品的、文化创意产业所生产出来的文化创意产品，非常突出地表现了人们对形式美的追求。第三，人类是群居的、社会化的群体，这使人们普遍重视自己的公众形象。所有的地区、物品和个人的内在品质都直接地外化为名声，名声成为具有现实经济价值的财富；而这对于企业和商品来说，则主要体现为商标和品牌，它们本质上具有一种能够使企业获得超额利润的能力，充满文化内涵的内容需要通过品牌来占领市场和赢得消费者。精神经济时代是以精神因素作为主要内容的经济形态或阶段，这一时代推崇名声，商标和品牌的建立和运用影响甚至决定着文化创意产业的发展前行。

受到技术、设计、品牌这精神经济时代三大支柱的影响，文化创意产业的创意产品，其在生产和消费的过程中，具有需求的不确定性更强、

---

① 李向民、王晨等著：《文化产业：变革中的文化》，经济科学出版社2005年版，第5页。
② "美学经济"的概念详见本书第二章第二节。

对差异性要求更强和时间因素往往至关重要等特征。首先，消费者往往需要在消费之后才能对文化创意产品产生判断，例如电影、演出和培训课程等；并且有些文化创意产品的判断周期较长，例如美术品、工业设计和企业咨询设计等，这种需求的不确定性迫使"使用后再购买"成为文化创意产品消费中的普遍现象。其次，文化创意产品得到消费者的青睐，不仅需要具备其他一般产品所具备的性能和价格等优势，还需要更加便捷和更有特色，以更强的差异性需求赢得市场份额。第三，无论是影视产品、表演艺术产品还是网络游戏等，消费者往往会因时间因素的差异而选择不同的文化创意产品。例如在电影院里或音乐厅里选择看一场电影或者听一场音乐会这种一次性的消费，而日常在家则会选择购买影片或者唱片进行持续性消费。这些特征也要求文化创意产业的从业人员更加关注自身产品的原创性和艺术表现力，更加注重经验、知识和创造力。

二、从"纯精神产品"到"准精神产品"：文化创意的产业化

上文在讨论闲置空间的物质形式与精神内容时，提及了精神经济时代产品的分类，解释了学者李向民的"精神经济学"中关于准精神产品、泛精神产品和纯精神产品的概念。伴随着社会经济的发展，我们对精神经济时代产品的研究逐步深入，研究分析的范围从纯精神产品向准精神产品和泛精神产品不断延伸。我国的文化创意，其产业化发展正是从纯精神产品到准精神产品的演变过程（正如图1-2所示的，从D到D＋C的过程）。

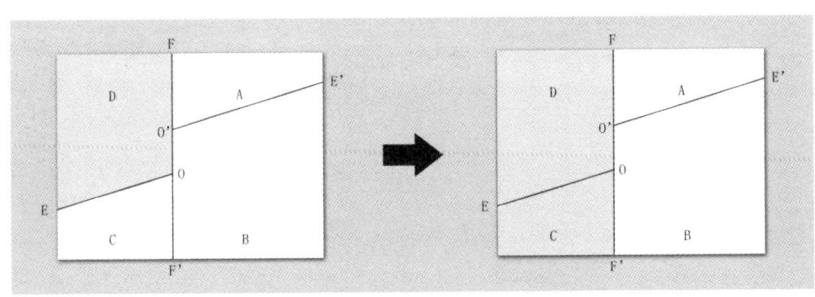

图1-2 文化创意的产业化过程

文化创意的产业化是社会经济发展的必然趋势。首先，文化创意产品和物质产品一样，凝结了人类体力和脑力的耗费，是人类劳动的成果。从事物质生产或文化创意的生产从本质上来说是一致的。只是在社会分工所决定的具体劳动上有所差异而已，但不管这种差异有多大，参加生产劳动的人都不可避免地要耗费一定的体力和脑力。对于文化创意产品的生产来说，生产者掌握大量的实践和思想材料后，通过想象、推理和再创造形成新的思想合力，再耗费一定的体力，将抽象的创意精神与现实的物质材料和符号有机结合，发展成为独立的、对象化了的文化创意产品。可见，文化创意所创造出来的成果同样具有社会性，同样具有价值，同样可以作为商品参加社会产品的流通。

其次，不但文化创意生产在本质上依附于物质生产，文化创意产品在形式上也依赖于物质产品的形式。文化创意产品生产需要大量物质资料作为基础，例如各类仪器、设备和办公用品等，都需要物质生产部门为其提供。物质产品随着物质生产的发展、社会分工的扩大和生产经营者经济的独立而变为商品，从物质生产者的角度来看，无论是精神生产者还是其他物质生产者，只要想获得其劳动成果，都必须付出等价值的商品或劳务进行交换。这种商品交换关系一旦在生产领域得到巩固，就很快改变了社会的经济活动方式，进一步影响到消费关系。对于消费者而言，他们只接受商品交换，通过支出自己的货币购买和消费各种商品和劳务。可见，生产和消费的既有社会方式都客观地要求文化创意产品通过流通，获得公正的估价，参与社会活动中正常的商品经济运动。

第三，文化创意本身的不断发展也要求文化创意产品产业化。如果不能按照价值规律参与社会商品流通，文化创意产品就无法摆脱物质的纠缠而受制于物质资料，这必然会很大地妨碍文化创意生产过程中，生产者个人潜力的充分发挥，限制生产者的精神自主和自由。如果文化创意生产者没有建立起自己的经济基础，并逐步实现产品的产业化，就难以从根本上促进文化创意的发展。而正是文化创意产品的产业化才能为其带来经济上的独立，使文化创意生产者在生产过程中摆脱物质的约束，充分发挥自己的才能。此外，文化创意的产业化，其意义不只在于保证精神生产活动的进行，更重要的还在于为其扩大再生产提供强大的经济后续力量。

在此基础上，文化创意产业的集聚也逐步生成。

三、产业集聚理论

产业集聚理论最早出现于19世纪末阿尔弗雷德·马歇尔（Alfred Marshall）的《经济学原理》一书中：在对英国兰开夏和约克郡的中小型纺织业集聚现象进行观察之后，马歇尔尝试解释这些企业通过协同集聚所带来的外部经济效益。

根据本书的研究立足点，产业集聚主要指在一定区域内同一类型产业或不同类型的相关产业集中和聚合，形成合作和互补，通过从分散到集中的空间转变，促使产业降低生产和交易成本、产生孵化效应和整体辐射力等。产业集聚往往可以把相关的各种企业、研发机构和艺术家工作室等组合于同一个空间，在降低开发成本的同时互相穿插渗透，形成更多新的组合。

在精神经济时代，产业的集聚可以通过研究和技术方面的协同效应、辅助性行业以及知识和人力资本，使产业在更大的规模和范围中，在更高的效率中创造效益，更加有效地提高行业整体乃至区域的生产力和综合竞争力。因此，产业集聚的发展模式是提升区域经济竞争力的有效发展战略，是适应经济竞争从单个企业竞争走向价值链竞争优势的有效途径。伴随着产业的地理布局和集群发展的实践，产业集聚理论研究也逐渐深入。[①]

（一）文化创意产业符合集聚发展的内在要求

首先，文化创意产业作为精神经济时代特有的新兴产业之一，具有以市场为基础的经济行为特征，也因此具有降低成本、减少交易费用等

---

① 陈燕：《当历史遇上创意——当下我国依历史街区相生的文创产业集聚区之行进过程初析》，载《东南学术》2012年第2期，第113页。

实现利益最大化的各方面内在要求，而集聚化的发展模式为利益的最大化提供了可能。其次，从总体上来看文化创意产业是经济发展到一定阶段所产生的高新技术行业，符合产业集聚对于较高技术水平的要求。第三，文化创意产品的高新技术特征使其不仅以实物的形式存在，还以音乐、视频、文字、图片等信息形式传播，兼具传统集聚和网络式集聚的功能，文化创意产品的生产成本也因此急剧下降，产品价值也在使用规模的扩大中迅速提高。第四，为了满足消费者的差异性偏好，文化创意产品的生产者（个人或企业）不断对文化创意产品市场进行细分，产品的多样化和差异性，以及对国家专利制度的维护使文化创意产业趋向于垄断竞争，促使产业集聚加速。第五，文化创意产业的集聚能够带来迈克尔·波特所谓的"集体财富"，并改善"创新条件"①，还能形成由地方特色文化和文化创意人群所创造的不可传播的外部效益，更加显著和突出于一般的现代产业集聚②。

（二）文化创意产业集聚区

作为负责集聚区评审工作的机构，北京市发展和改革委员会于2006年为文化创意产业集聚区的概念做了定义：集聚一定数量的文化创意企业，具备自主创意研发能力和一定的产业规模，具有专门的服务机构和公共服务平台，能够提供相应的基础设施保障和公共服务的区域。③

文化创意产业比传统园区或集群形成集聚区更具开放性和独特性，

---

① [美]迈克尔·波特：《国家竞争优势》，华夏出版社2002年版，第148页。
② 陈燕：《当历史遇上创意——当下我国依历史街区相生的文创产业集聚区之行进过程初析》，载《东南学术》2012年第2期，第114页。
③ 北京集聚区评审条件的表述文本先后有些变化。第一批集聚区的认定条件为：科学的规划、鲜明的产业特色和定位、相当的产业规模、先进的产业形态、合理规范的管理机构和运营机制、较完善的基础设施和公共服务支撑体系、良好的产业发展前景。第二批集聚区的认定条件为：规划定位、产业规模特色、集聚程度、国内企业原创产品市场份额及产业发展前景、管理机构和运营机制、基础设施建设和公共服务支撑体系、区县政府的扶持政策和措施。

它既包括由文化创意个体和工作室的集聚而形成的集聚区（前端），也包括由特定文化创意产品生产制作而形成的集聚区（中端），还包括由不同种类文化创意产品的收集和交易而形成的文化消费区域（后端）。①我国的文化创意产业集聚区包含有产业链中的各个环节，既有创意产品化的生产空间，也有创意人群生活和工作的区域，更是精神经济的重要消费场所，集聚区经济价值的创造普遍通过文化创意产业本身的特殊性得以实现，通过准精神产品的集聚效应，制造创意氛围，推动和促进产业的发展。②

第三节　闲置空间再生与文化创意产业集聚的关系

一、文化创意产业在闲置空间中的集聚偏好

闲置空间是实现文化创意产业集聚的重要载体之一，从苏州河南岸M50创意园到圣路易斯克莱德码头区；从8号桥到美国纽约苏荷（SoHo）区；从798艺术区到英国伦敦沙德·泰晤士街区；从泉州德化"月记窑"国际当代陶瓷艺术中心到日本京都府舞鹤市红砖区……我国乃至世界各地的很多文化创意产业集聚区都偏好于在各种大中型城市的旧厂房、旧仓库、旧码头等闲置建筑中规划和发展；当然也包括具有特殊地理环境或完整的文化风貌、具有真实性历史特征或特殊场所感的历史建筑。因为通常它们的内部空间可塑性较大，也因为这其中包含许多贫民聚集区和旧屋群，房屋租金可以相对比较低廉，还因为这些地方通常能够带来相对宽松和自由的生活和工作环境等。③在这样的进驻和集聚中，历史保

---

① 孔建华：《北京文化创意产业集聚区发展研究》，载《中国特色社会主义研究》2008年第2期。
② 陈燕：《当历史遇上创意——当下我国依历史街区相生的文创产业集聚区之行进过程初析》，载《东南学术》2012年第2期，第115页。
③ 同上。

存主义者和艺术家的思想是一致的：都在力图挽救这些闲置空间，虽然他们是出于不同的目的：历史保存主义者是为了历史的真实性，而艺术家则往往将其作为住宅或工作室。

这些集聚空间被注入了文化创意产业，是准精神产品的生产空间，被赫顿（Hutton T）称为"新生产空间"。[①]根据赫顿的分析，不同的文化创意设计和服务行业分布的空间是有区别的。知名设计企业普遍集中于CBD（Central Business District，中央商务区），例如，位于上海建国中路的8号桥和尚街LOFT等，而一般的文化创意设计企业则大部分布于CBD边缘和内城区域，例如，位于北京酒仙桥一带的798艺术区和位于广州的F518等，而生产性服务业则往往向内城区域外围、中等规模城镇扩散，如北京宋庄左右国际艺术区和泉州德化"月记窑"国际当代陶瓷艺术中心等。[②]

值得一提的是，文化创意产业集聚区产生初期的样态往往是一些尚未成名的、比较贫困的艺术家以较为低廉的房屋租金集聚于片区性的闲置空间区域，贫困艺术家集聚规模的扩大和创意环境的逐步形成会促使闲置空间逐步发展成为具有一定规模特征和影响力的艺术集聚区域，进而逐步发展成为消费较高的创意时尚区域，同上往往会导致房租的上涨，于是更加富裕的个人和企业随之进驻，而许多未成名艺术家则被迫选择迁移到周边其他闲置空间……这就引起了文化创意产业集聚区的扩散、转移和循环，如北京798艺术区附近延伸的797、751艺术区、草场地艺

[①] Hutton T：*Reconstructed production Landscapes in the Postmodern City: Applied Design and Creative Services in the Metropolitan Core*，*Urban Geography*，2000.21(4)：pp.285-317. Hutton T：*The New Economy of Inner City*，*Cities*，2004.21(2)：pp.89-108.

[②] 陈燕：《当历史遇上创意——当下我国依历史街区相生的文创产业集聚区之行进过程初析》，载《东南学术》2012年第2期，第114页。参考自：褚劲风：《创意产业集聚空间组织研究》，上海人民出版社2009年版，第31页。

术区等。①"这般宁谧而有历史感的场所，会是艺术家常常出没的画廊吗？很遗憾，这只是上海最有名的酒吧街而已，房地产商用高价打造出的新天地，不是艺术家能够租用得起的……"②

二、文化创意产业的集聚促成或推动了闲置空间的再生与发展完善

上文提及文化创意产业偏好于在闲置空间中集聚，而闲置空间作为文化创意产业集聚的重要载体之一，其通过文化创意产业的进驻逐步产生集聚，在原有社会关系、空间格局的基础上，通过局部的调整得以再生和发展完善，适应于社会发展和环境变化的新需求。伴随着闲置空间中文化的侵入与融合、社会关系的侵入与接替，空间生产和空间权利的转移也在不断发生，从本质上看，文化创意产业对闲置空间再生的作用正是空间生产和资本循环在闲置空间中的表现。

精神经济时代背景下文化创意产业在对闲置空间的进驻过程中，其经济效益、文化需求和多样性特征促进了闲置空间的再生与发展完善。首先，文化创意产业作为知识密集型产业，日益成为我国国家经济的重要支柱，具有巨大的经济效益和增长潜力，闲置空间在时代的需求中要向新经济转变，注重文化艺术对经济的渗透和贡献的文化创意产业的进驻是一条新路，为闲置空间在市场经济的浪潮中的再生提供了可能。其次，文化创意产业是文化和知识在经济发展中地位日益增强的结果，文化创意产业推崇创造力，是新兴理念思潮、经济实践和大众传播方式的结合，闲置空间承载着历史的印记和时代的特征，能够为文化创意产业提供特有的文化内容，二者产生了互相依存的供求关系，有利于闲置空间的发展和"经营"。第三，文化创意产业具有多样性特征，涉及了文化艺术

---

① 陈燕：《当历史遇上创意——当下我国依历史街区相生的文创产业集聚区之行进过程初析》，载《东南学术》2012年第2期，第114页。参考自：褚劲风：《创意产业集聚空间组织研究》，上海人民出版社2009年版，第31页。
② 登琨艳：《失忆的城市：一个建筑师对当代城市的痛与爱》，华东师范大学出版社2006年版，第73页。

活动的绝大部分领域，这种多样性特征使文化创意产业的发展具有多样性的需求，因此对闲置空间的再生和利用也是一种可能，尤其是源于个体创造力的文化创意产业，其对小规模改造的提倡有利于各具特色的闲置空间建筑多样性的保留。个体艺术家、文化创意机构的进驻和艺术家群落在其中的形成，挖掘了闲置空间的各种潜能，赋予了闲置空间新的生命力，使之成为相对另类的、边缘的新型空间景观。

可见，发展文化创意产业目前是闲置空间再生最有效的驱动力之一，而且文化创意产业的介入较之于其他产业，将更深刻的影响闲置空间的空间权力，和闲置空间的社会关系。当下，商业氛围的增加和消费文化的符号化在整个消费社会的大环境中是不可避免的，我们对生活环境意象的转变也同时证明着置于其中的闲置空间在本质上进行了再生产。具有启发意义的是，在新的空间生产和外来文化的融合过程中，闲置空间原有的空间权力和社会关系仍在延续，社会关系在协调中得以平稳转变，而新的空间权力则得到了有序的过渡和传承。

三、闲置空间再生中文化创意产业集聚的功能特征和运作优势

（一）功能特征

闲置空间再生中的文化创意产业集聚，是将文化界、产业界和消费者相结合，以建构研发和创作兼备、生产、展示和消费的产业网络为目标，发展文化创意产业的基地。具有在闲置空间中以集聚效应促进产业发展消费经济的功能和以创意氛围推动创作联盟的功能。

集聚有利于文化创意产业规模经济和集聚效应的发挥，文化创意产业需要文化创意团体的地理集聚和互动交流，形成发展环境。文化创意产业各个门类之间具有许多共同或相近的属性，例如共享同一类市场、生产同一类相关产品、相近的销售方式和渠道、相近的人力和智力支持群体、相互依存的技术和科技理念等等。集聚构成了共同的产业运作链，构成了创意团体的互动和联盟，闲置空间区域相对宽松的集聚环境还促

进了艺术家和创意团体生活和创作的结合、促进了文化产品生产和消费的结合，促进了产业消费经济的形成和发展。此外，文化创意产业的发展机制需要专业化的分工和不同文化背景的文化创意人才整合，集聚促使不同思想和学科的文化创意人才和艺术家联合起来，有助于形成多样化创作、经营和管理的创意氛围，推动艺术创作和生产的共同发展。

与传统产业不同的是，文化创意产业具有创新性、高增值性、高风险性、知识和技术密集、环境污染少、能耗低等精神经济时代产业的典型特征，闲置空间再生中的文化创意产业集聚区也因此具有不同于其他产业集聚的鲜明特征。

首先是具有对人文自然环境、创意氛围和文化设施高度依赖的区位选择特征。闲置空间再生中的文化创意产业集聚的形成与地方的历史传承和人文环境氛围紧密关联，并在其特有的文化积淀基础上进行创造性开发和利用。闲置空间和创意元素相结合，促进了文化创意产业集聚的形成和发展。

其次是在创作过程中，一方面由于创意是文化、经济和技术的交融，而文化创意产品则是新内容、新技术和新思想的物化形式，因此文化创意产业的集聚融合了经济、文化、技术和智力等各个方面特征；另一方面由于文化创意产业作为低污染、低能耗的绿色产业，具有高度的灵活性和艺术性，其创作过程打破了传统的分工体系，表现出生活和工作一体化、生产和消费相结合的特征。

第三是在创意成果方面，集聚的文化创意产品和服务尤其注重原创性和独特性。文化创意团体和艺术家往往把文化创意产品和服务的基调、风格、内容、特征等方面的原创性和独特性放在首位，在追求艺术至上的同时满足各种消费个性和各个消费层次的需求。

第四是文化创意产业集聚的外部性[①]特征。闲置空间再生中的文化创意产业集聚除了可以带来迈克尔·波特所谓的"集体财富"并改善"创新条件"外,还会产生由闲置空间所在区域特有的文化创意团体与艺术家所形成的不可传播的外部效益。[②]因此文化创意产业尤其趋向于集聚,闲置空间再生中的文化创意产业集聚所形成的外部效益尤为显著。

(二)运作优势

我国闲置空间再生中的文化创意产业集聚具有创新、生产、交易和竞争等各个方面的优势,其对文化创意产业运作具有积极效应。

1. 创新优势

创新不仅是特定技术和特定部门的个体活动,不同团体和行业之间的交流互动更是具有重要作用。闲置空间中的文化创意产业集聚促进了文化创意产业的集体行动,积极推动了文化创意产业的创新性发展。

一方面,知识的生产和分配取决于对基础知识的掌握和利用程度,以及完成创新并产生经济价值的整个系统,体现在集聚内部组织之间,则取决于集聚区内的结构和共生机制。集聚促进了文化创意产业思想、信息和技术的传播和应用,较易形成稳定的促进学习、信息交流和协同进步的内部共生机制。我国闲置空间再生中的文化创意产业集聚区为各种创意团体、组织和艺术家提供了进行创新活动合作过程的场所,为创新活动提供了个体和群体的双方优势。

另一方面,人是创新的主体,一切创意行为都源自于人的操作,因此创意人才是文化创意产业形成和发展的核心要素,文化创意产业的集聚实际上在无形中建立了创意人才的市场,集聚区内文化创意产业的发

[①] "外部性在经济学上是指,对他人产生有利或不利的影响,但不需要他人对此支付报酬或对他人进行补偿的活动。当私人成本或收益不等于社会成本或收益时,就会产生外部性。"——魏鹏举:《文化创意产业导论》,中国人民大学出版社2010年版,第138页。

[②] 详见本章第二节,迈克尔·波特,美国经济学家,哈佛大学商学院著名学者。

展也因为创新主体市场的强大而更具创新优势。并且在文化创意产业集聚区内，创意人才易于相互流动，其交易成本也相对低，集聚区内文化创意团体和组织之间的联系也提供了创意人才流动的途径和条件，这大大有利于创意人才资源更加合理和优化的配置。

2. 生产优势

与其他产业一样，文化创意产业的生产优势主要在于生产率的提高，即固定投入条件下的产出率较高，生产率提高的主要表现是成本下降或者利润增加。我国闲置空间再生中的文化创意产业集聚，在文化创意产业的技术进步、规模经济和资源配置等各个方面，都有利于生产率的提高，具有特殊的生产优势。

在技术进步方面，文化创意产业对闲置空间的进驻和集聚，有利于文化创意产业的专业化分工和环境建设。一方面文化创意产业的集聚是专业化分工的有利方式，各个文化创意团体或者艺术家从事某一产业的生产或服务，相互之间建立了广泛的劳动分工和基于长远关系的、紧密的合作，构成深度的专业化分工基础和良性的文化创意产业生态系统；另一方面上文也已提及，集聚较易形成利于创新的共生机制，尤其是闲置空间再生中的文化创意产业集聚，闲置空间的历史和文化环境有利于文化创意产业基于艺术和文化的创新发展。

随着生活水平的日益提高，人们对文化创意产品和服务的需求日趋多样化和个性化，文化创意产业的大规模批量生产呼唤小批量多样化定制产品的取代，因此可以说文化创意产业的集聚实质是文化创意产品和服务生产组织方式的变革。从规模经济的角度来分析，"如果说出现垂直一体化结构的大规模企业是由于从手工工场向大规模刚性生产模式发展的结果，那么现代意义产业集聚的出现则是因为生产正从刚性生产模式向柔性专业化生产模式转变造成的。"[1]因此，文化创意产业的集聚在"柔性专业化生产模式转变"中保持了一定的规模经济效益，在满足文化创

---

[1] 李万峰：《产业集聚区：科学发展观的科学体现——北京市文化创意产业集聚发展研究》，中国文联出版社2010年版，第85页。

意市场多样化和个性化需求的同时兼顾了生产效率。

在资源配置方面,文化创意产业的集聚有利于生产资金和人力资源的优化配置。首先是各文化创意团体或艺术家之间可以在集聚区域内分工合作、共同协作,形成文化创意产品或服务的创作、生产和销售一体化的分工体系。其次是人力资源的有效利用,集聚促进了思想文化和信息技术的相互传播和应用,有利于文化创意人才的共同培养和互补。第三是集聚因为地理位置的集中而提高了公共产品的利用率,闲置空间的再生更是在文化遗产保存的基础上实现了资源的合理有效配置,公共产品的成本递减规律则间接地为文化创意产业集聚带来了生产优势。

3. 交易优势

闲置空间再生中的文化创意产业集聚具有多方面的交易优势,首先由于文化创意产品和服务的创作、生产和消费的各个环节均融入于集聚区当中,各个环节之间交易的运输成本就会下降。其次由于文化创意产业的集聚促使各文化创意团体和艺术家的地理位置高度集中,思想文化和信息技术的交流更加便捷和直接,这显著降低了行业内市场信息不对称的状况。第三是集聚区与专业交易市场形成的共生关系进一步降低了交易成本。文化创意产品和服务的市场影响力会因文化创意产业的集聚效应而实现提升,集聚逐渐成为文化创意产品和服务专业性市场的存在基础,反之专业性市场的繁荣则有利于文化创意产业集聚的专业化程度,以及品牌效应的增强。

4. 竞争优势

各个文化创意团体和艺术家经过对文化创意产品和服务市场的理性分析之后,在闲置空间中选择栖息之地,其集体表现的结果最终形成了文化创意产业的集聚。除了历史气息和文化底蕴之外,文化创意团体和艺术家还要考虑成本的最低化和利润的最大化,换句话说,闲置空间再生中的文化创意产业集聚,是文化创意团体和艺术家经过权衡比较,确定其具有竞争优势之后才逐渐形成的。这首先与上文中涉及的成本降低有关,集聚区域首先通过分工协作、资源共享等方式,在降低文化创意产业生产成本的基础上提高了自己的竞争优势；文化创意产业生产成本的降低又直接影响了文化创意产品的价格，集聚区在地理上的集中则使产品价格相对透明化，价格的相对透明化形成了较为合理稳定的利润率，如此的良性循环带来了集聚区的竞争优势。此外，文化创意产业的集聚还会对非价格竞争优势产生一定的影响：比如集聚带来的区域品牌效应；比如集聚的规模效应促使区域内文化创意产品占据了市场中较高的市场份额甚至引领行业潮流；又如集聚迫使区域内各个文化创意团体和艺术家追求各自产品的个性化和差异化，从而提升了文化创意产品和服务的竞争优势。

第二章　闲置空间的资源特性与文化创意产业的进驻

第一节　闲置空间的资源特性

一、地理环境资源

上文①对闲置空间的价值和再生需求进行了探讨，调研实践也表明，我国的许多闲置空间具有地理环境资源、建筑特色资源、地方政策和制度资源等资源特性，这些资源特性吸引并有利于许多文化创意产业的进驻，同时也决定了适合进驻的主导性文化创意产业的类型。

地理环境是空间区隔所形成的最基本因素，主要包括三大基本特点：一是具有主要来自太阳的外部能量和来自地球内部的内能，并在此相互作用；二是具有常温常压的物理条件、适当的化学条件和繁茂的生物条件等构成人类活动舞台和基地的三大条件；三是这一环境直接影响到人类的呼吸、衣着、饮食和住行等方面，和人类的生产、生活有着紧密的关系。地表组成物质和形态因地理位置的区别而各不相同，地理环境结构也因此产生了显著的地带性特征和区别。从广义上来看，人类赖以生存和发展的地球表层，可以划分为自然环境（自然地理环境）、经济环

---

① 详见本书第一章第一节。

境（经济地理环境）和社会文化环境等三大部分。这三大部分在地域上、结构上互相重叠和联系，构成了整体的、统一的地理环境，并从而影响着区域文化特质的形成。①

（一）自然地理环境

自然环境（自然地理环境）又分为天然环境（原生自然环境）和人为环境（次生自然环境）两大部分。天然环境（原生自然环境）主要是指原有自然面貌未发生明显变化的、只受到人类间接或者轻微影响的地方，例如高山、极地、大沼泽、大荒漠、热带雨林、某些自然保护区以及人类活动较少的海域等。人为环境（次生自然环境）主要是指受到人类直接影响和长期作用，其自然面貌已经发生了较大变化的地方，例如农业、工矿、城镇等利用地。②福建厦门的鼓浪屿③和云南丽江的四方街，就分别具有海岛原生与海西经济特区次生的综合自然环境，和依风景秀美的古城而生的自然地理环境资源。

---

① "全国科学技术名词审定委员会"官网，http://www.cnctst.gov.cn。
② 同上。
③ 位于海岛厦门西南角的鼓浪屿，总面积1.87平方公里，常住人口约1.6万人，隔500米宽的鹭江与厦门岛相望。鼓浪屿周边海域是厦门港的主要组成部分，紧临着中华白海豚保护区、文昌鱼保护区、大屿岛白鹭保护区等，与金门列岛隔海相望。鼓浪屿是全国文明风景旅游区和重点文物保护单位，小岛养育了一批蜚声中外的名人，19世纪中叶以来养成的音乐传统使其获得"音乐之岛"的美誉，"公共租界"的特殊历史背景又使鼓浪屿保留了千余幢中外风格各异的"万国建筑"，中西文化交汇、自然景观与人文景观交融。鼓浪屿的主要节庆活动包括每两年一届的"鼓浪屿钢琴节暨全国青少年钢琴比赛"，每一年举办一届的"美国音乐周"和"中秋博饼节"、以及每逢节假日都会举行的家庭音乐会等；主要的风土民俗有南音表演、提线木偶艺术、闽南茶德茶道、功夫茶斗茶等；主要的掌故传说包括鼓岛水井趣谈、鹿耳礁传说、鼓浪石传说等；宗教寺庙有种德宫、兴贤宫、法海院等，主要信仰妈祖与大道公，这些信仰对鼓浪屿的历史、文化、宗教、民俗、医疗和旅游都产生了一定影响。

与海西经济特区厦门本岛隔海相望的海岛鼓浪屿,兼具自然风景和人文环境风貌特色。由于受到厦门经济特区区位优势的直接影响和长期作用,鼓浪屿上的闲置建筑群也日益得到了充分的保护、开发和利用,各种配套服务设施也相应逐步完善,成为集观光度假和休闲购物于一体的综合性著名自然和文化旅游区[①],更因此集聚了各种文化创意产业门类,颇具规模,鼓浪屿已经逐步发展成为厦门市经济特区的文化创意产业集聚之地,每年还吸引400万以上的海内外人士慕名前来。

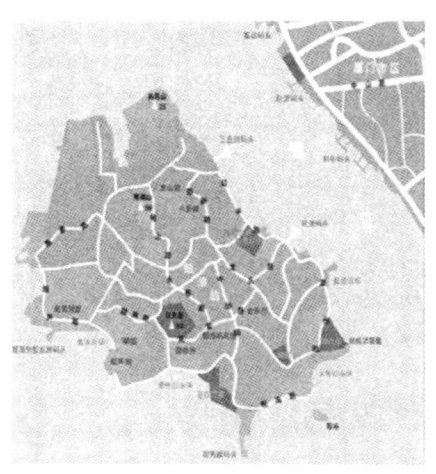

图2-1 鼓浪屿与厦门市经济特区的关系图

图片来源:庞菲菲:《鼓浪屿居住建筑的时序断面的特征研究》,西安建筑科技大学2007年硕士论文,第6页。

如今集聚着各种文化创意行业的四方街,位于风景秀美的丽江古城[②]的中心,是丽江古城的代名词。四方街占地6亩见方,街区中的房屋建

---

① 陈燕:《福建省地方文化产业研究》,中国戏剧出版社2013年版,第293页。
② 丽江古城位于中国西南部、云南省的丽江纳西族自治县,地处云贵高原,海拔2400多米,全城面积达3.8平方公里,自古就是远近闻名的重镇和集市。古城现有居民6200多户,2.5万余人。其中纳西族占总人口的绝大多数,有30%的居民仍然在从事以皮毛皮革、纺织、银铜器制作、酿造业等为主的传统手工业和商业活动。丽江古城又名大研镇,位于丽江坝中部,北依象山、金虹山,西枕狮子山,东南面临数十里的阔野良田。丽江古城历史悠久,山城之容与水乡之貌兼具,表现出较高的整体价值和综合价值。古城集中体现了地方的历史文化和民俗风情,流动的城市空间、古老而纵横交错的供水系统、尺度合宜的民居、风格统一的建筑群落以及独具风格的民族艺术等,把经济和战略重地与崎岖的地势巧妙地融合在一起,较为真实和完美的保存并再现了丽江历史街区的古朴风貌。1986年12月8日,丽江古城经国务院批准成为第二批中国历史文化名城之一;后又于1997年12月被列入《世界遗产名录》。

筑仍然保持着纳西族明清时期的建筑特色，被中外的建筑专家们誉为"民居博物馆"。随着丽江创意旅游业的发展，四方街的历史建筑得到了充分的保护与利用。以四方街为中心，古城四周的创意店铺和客栈环绕，形成沿街逐层外延的稠密而又开放的格局，与中国传统的、四四方方的井字形街道相同。①

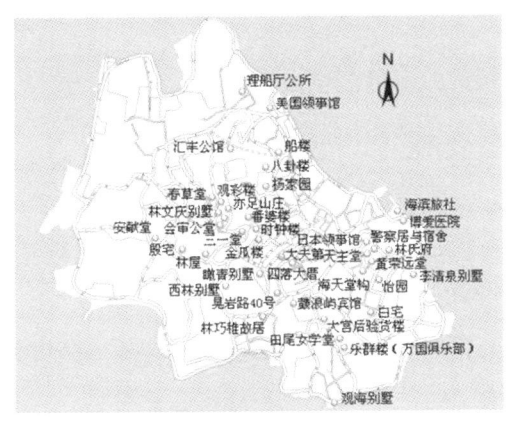

图 2-2　鼓浪屿风貌建筑图

图片来源：鼓浪屿官网，http://www.gly.cn/glymap/map1.html

（二）经济地理环境

经济环境（经济地理环境）是在自然环境的基础之上，由人类社会形成的一种地理环境，经济环境主要是自然条件和自然资源经过人类的开发利用之后，形成地域生产综合体的经济结构，包括工业、农业、交通、城乡居民点等各种生产力实体的结构状态和地域配置条件。② 北京的

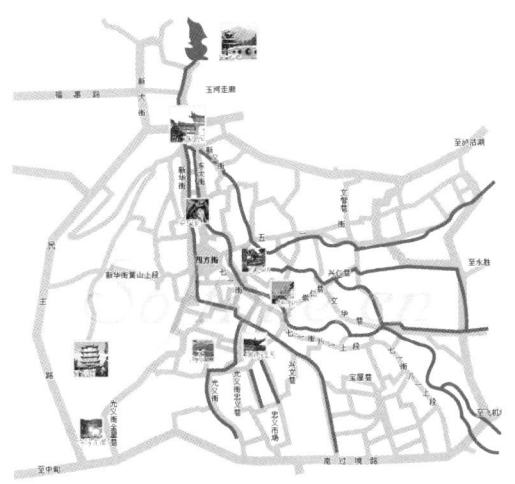

图 2-3　四方街地理区位图

图片来源：丽江DIY自助旅游网，http://www.lijiangdiy.com/lijiangditu/3994.html，2010.3.31

宋庄和福建德化的月记窑，就都是具有特殊经济地理环境资源优势的典型案例。

宋庄原创艺术集聚区是中国最大的原创艺术家集聚地，是世界著名

---

① 邹统钎：《古城、古镇与古村：旅游开发经典案例》，旅游教育出版社2005年版，第5页。
② "全国科学技术名词审定委员会"官网 http://www.cnctst.gov.cn。

的原创艺术集聚区。宋庄位于北京通州区北部，总面积115.929平方公里，辖47个行政村，常住人口近10万人[1]，原是一个位于首都周边且拥有较多闲置屋舍的村镇。宋庄原创艺术集聚区是宋庄原创艺术与卡通产业集聚区[2]的一部分，是这整个集聚区最初的落脚点，也是其原始的灵魂所在。[3] 作为国家文化的中心和国际交往的中心，首都北京吸引着全国各地艺术家的汇聚；而宋庄与北京市中心的理想距离，为艺术家们提供了较为方便的交通条件和较为宽松的创作环境。此外，宋庄地区的村民住宅普遍拥有较大的院落，又因远离北京城区而租金低廉。理想的创作空间和低廉的生活成本，促使艺术家们陆续选择入驻宋庄。这既是对作为文化中心的首都的选择、却又远离北京城区的喧嚣，既与城区保持着密切的联系，又保有乡野之幽静，此"若即若离"的选择，体现了位于首都周边的宋庄在交通与租金等方面的区位优势。

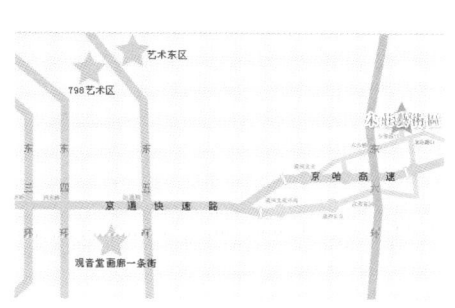

图2-4 宋庄原创艺术集聚区地理区位图

图片来源：北京宋庄画家村地图，http://www.hjcun.com/html/200907/04/194851730.htm

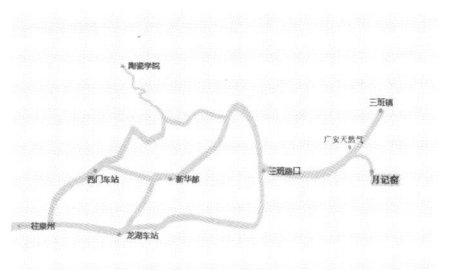

图2-5 月记窑地理区位图

图片来源：月记窑国际当代陶瓷艺术中心官网，http://www.yuejiyao.com/cn/list/7/default.shtml

---

[1] 孔建华：《北京市宋庄原创艺术集聚区的发展研究》，载《2007年：中国文化产业发展报告》2008年版，第369页。
[2] 2006年12月8日，北京市文化创意产业领导小组按照北京市委、市政府大力"发展文化创意产业，把北京建成创意之都"的目标与思路，规划审批了十大文化创意产业集聚区（第一批），突出科技和原创，前者以中关村创意产业先导基地为代表，后者以宋庄原创艺术和卡通产业集聚区（宋庄画家村和三辰动漫网游产业基地）为代表。宋庄原创艺术和卡通产业集聚区是北京市先后认定的21个文化创意产业集聚区当中面积最大的一个。
[3] 侯汉坡编著：《北京市文化创意产业集聚区案例辑》，知识产权出版社2010年版，第99页。

福建省泉州市的德化县，是千年古瓷都，为传统陶瓷业发挥过巨大的作用。龙窑是陶瓷窑炉的一种，在宋代德化一度盛行。随着科技的进步，绝大多数龙窑已经被现代化的窑炉所取代。如今德化烧制瓷器的龙窑仅剩4条，其中烧制历史最为久远、保存最为完好的当属月记窑。月记窑在明清时代是兴盛一时的名窑，已经有近400年的历史，是研究中国古法烧制柴窑的必选之地，是德化古龙窑的活化石。在此特有地域资源的基础上建成的月记窑国际当代陶瓷艺术中心，是"福建省级文化产业示范基地""福建省重点创意企业"、泉州市七大重点文化创意产业园区之一，创建于2009年初，位于福建省泉州市德化县三班镇蔡径村，占地20亩，包括陶艺家工作室和生活区，多功能展览厅和陶瓷文化体验区、艺术品和创意陶瓷产品展示销售区、国际柴窑博物馆和陶瓷创意产业孵化中心等，月记窑美术馆也已在规划当中。具备特有地域资源优势的月记窑国际当代陶瓷艺术中心，既传承了福建闽南地区民族文化的精神理念，增进了中外陶瓷文化的交流，促进了生态旅游业向特色文化体验旅游升级，增加了群众收入；又突破了闽南陶瓷业的传统运作模式，发展陶瓷文化创意产业，优化了德化陶瓷生产和销售的空间和产业结构，推动了德化现当代陶瓷艺术产业的发展。

（三）社会文化环境

社会文化环境包括国家、民族、社会、人口、语言、文化和民俗等方面的地域分布特征和组织结构关系，且关系到各种社会人群对周围事物的心理感应和相应的社会行为。社会文化环境是由人类社会本身所形成的一种地理环境。[①]位于上海市泰康路210弄的田子坊，就因市井生活、市民气息的特有社会文化环境，而对文化创意产业产生了特殊的吸引力和集聚力。

田子坊原名志成坊，是20世纪30年代至50年代典型的弄堂工厂，

---

① "全国科学技术名词审定委员会"官网 http://www.cnctst.gov.cn。

由永明瓶盖厂①、海华制革厂第二厂②、康福织造厂③、上海钟表塑料配件厂、鉴臣香精二厂、上海食品工业机械厂等六家工厂组成。1999年，画家黄永玉为泰康路210弄题名"田子坊"。一路发文化发展公司的率先进驻拉开了泰康路上海艺术街的序幕，之后又有陈逸飞④、尔冬强、王家俊、王劼音、李守白等艺术家先后入驻。自1998年起一批颇具影响力的艺术家陆续入驻至今，田子坊已经汇集了20多个国家和地区的160多家视觉创意公司，文化创意产业的集聚效应又促使更多的艺术品、工艺品商铺入驻田子坊。田子坊成为上海进入后工业时代的产物，2005年获评"上海最具影响力的十大创意产业集聚区"；2006年获评"中国最佳创意产业园区"⑤。田子坊艺术创意园区的主要建筑是随着90年代中期工业企业转制而废弃闲置的厂房，空间宽阔且租金相对低廉。这些闲置厂房弥漫着人们生活和工作过的记忆，改建的工作室经过艺术的再现更体现出不同的风格和氛围。田子坊最大的特色，就是它至今依然有很多居民生活于其中。田子坊内处处是市井生活的气息，处处是百姓生活和工作的痕迹，市井生活和市民气息所特有的、生机勃勃的吸引力和集聚力，营造了良好的社会文化环境，为其带来了足够的人气，促成了文化创意产业的集聚。

---

① 民国二十九年（1940年），位于泰康路210弄40号，原为正礼漂染房，后该厂地块为永明瓶盖厂（泰康路210弄40A）、海华制革厂晒场、天然味精厂晒场所在地。
② 民国三十六年（1947年），位于泰康路210弄46号，原为大上海皮厂二厂，属泰康路以北街区。
③ 民国三十六年（1947年），位于泰康路210弄47号，属泰康路以北街区。
④ 陈逸飞（1946—2005），美籍华人，著名油画家，导演。其生前在田子坊中的工作室分雕塑、陶瓷、油画、"逸飞时尚"服饰摄影等4间，总面积658平方米。2000年，陈逸飞的雕塑作品《东方少女》即于田子坊创作并运往法国巴黎，成为在法国皇家博物馆展示的第一件亚裔艺术家作品。
⑤ 上海同济城市设计规划研究院、国家历史文化名城研究中心：《上海市泰康路历史风貌区保护与利用概念规划》，载《建筑与文化》2007年第8期。

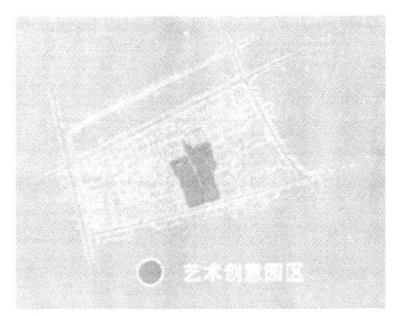

图2-6 田子坊创意产业园区区位图

图片来源：上海同济城市设计规划研究院、国家历史文化名城研究中心：《上海市泰康路历史风貌区保护与利用概念规划》，载《建筑与文化》2007年第8期。

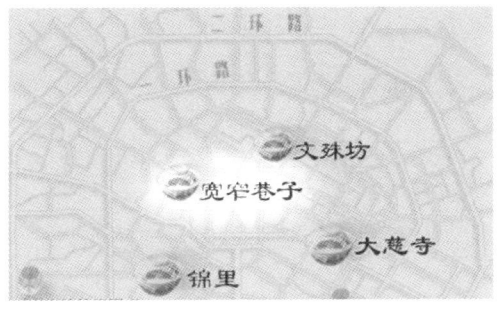

图2-7 成都宽窄巷子地理区位图

图片来源：唐艺铭：《宽窄巷子五月开街，老成都秀出新天地》，http://www.sc.xinhuanet.com/content/2008-02/27/content12558604.htm，2008年2月27日。

我国有许多闲置空间是具有深厚传统文化生活积淀先天优势的旧街区，这些闲置空间在传统文化与创意产业的结合方面具备独有的资源特性。例如位于成都市青羊区的宽窄巷子，本就是传统文化和民间艺术长期居于其中的历史街区，在城市改造和生活变迁中采取原真性保护的方式进行保存、改建和再利用，如今已经成为文化创意展览和活动长期举办的场所，并有机结合了时尚创意产品的展示和交易。"宽窄巷子"由平行排列的宽巷子、窄巷子和井巷子这三条城市老式街道及其之间的四合院群落构成，是老成都"千年少城"城市格局和百年原真建筑格局的最后遗存，也是北方胡同文化和建筑风格在南方的"孤本"。宽窄巷子与大慈寺、文殊院并称"成都三大历史文化保护区"，于20世纪80年代被列入《成都历史文化名城保护规划》，是成都老城区和成都市民文化生活的缩影；2011年被评为成都新十景之一。[1] 从最先的八旗清军到后来的满族后裔，再到融居其中的成都百姓，三百多年历史的宽窄巷子留存至今，并经历修复和打造。它以传统文化生活积淀的先天优势和长期积累形成的社会文化环境，吸引着文化创意产业的进驻。

---

[1] 唐艺铭：《宽窄巷子五月开街，老成都秀出新天地》，http://www.sc.xinhuanet.com/content/2008-02/27/content12558604.htm，2008年2月27日。

二、建筑特色资源

（一）建筑历史文化风貌

前人研究表明①，建筑遗产属于文化遗产中的物质文化遗产之列，物质文化遗产就是传统意义中的"文化遗产"，主要包括历史文物古迹、历史建筑群和人类文化遗址等三个方面。我国存在许多在建筑历史、造型、外观、功能等各个方面具有特色的闲置空间，这其中就包括拥有历史性人文特征、完整文化风貌或优秀文物古迹的建筑遗产。

随着社会发展机制的逐渐转变，许多建筑遗产作为既定使用的空间，其原先的功能逐渐丧失、遭到废弃乃至呈现出一种闲置现象。这些空间往往记录着当时使用的建筑素材、颜色、构法等，反映着当时的使用形态、建筑风格、建筑空间以及建筑语汇，乃至周边环境所构成的社会脉络及纹理，具备历史意义和重要价值。饱经风霜的福州三坊七巷②就是一个典

---

① 详见本书绪论部分第一节。
② 三坊七巷的文化渊源始于晋代的"衣冠南渡"时期，至唐代形成完善，成为我国"里坊制"城市格局和管理制度的"活化石"，到宋代，成为"闽学"（即"理学"）的发源地和重要传播地区，一直是名门贵族和士大夫的聚居之地，在清代、民国时期步入辉煌，诞生了林则徐、严复、沈葆桢、林觉民、林徽因、冰心等一批中国近现代史上具有重要意义和影响的人物。至今仍留存着林则徐、沈葆桢等名人的家族族谱和上百段名人事迹；保留着林觉民、冰心、刘齐衢、观我颐糕饼商、林聪彝等名人的故居；传承着米家船裱褙店、老还童眼镜店、永和鱼丸店、同利肉燕店、木金肉丸，以及享有"北同仁，南回春"之美誉的回春中药店等传统商业，传承着三坊七巷的古老风韵。如今，三坊七巷仍然是"基本保留了唐宋遗留下来的坊巷格局和大量的明清古建筑，保存比较完好的明清、民国建筑共159座，其中包括水榭戏台、严复故居、沈葆桢故居等全国重点文物保护单位9处，吉庇巷、谢家祠等省级文物保护单位8处，市级文物保护单位2处，历史保护古建筑131处。"（资料来源：福州市三坊七巷管理委员会：《明清建筑博物馆里坊制度活化石》，www.ccdy.cn）这些建筑和文物保护单位，传承着福州的历史文化，是三坊七巷历史格局的重要组成部分，是丰富的非物质文化遗产不可或缺的载体。

型的案例，经过近年来的抢救、整修和再利用，如今的三坊七巷已经成为福建省历史街区遗存的典型代表，是福州名贤文化的纪念地、福州民俗文化的展示地、福州传统商业的传承地，具有丰富的历史文化积淀，具有历史街区物质与非物质文化的特色和价值。

作为福州古城风貌的核心组成部分，三坊七巷以南后街为轴，向西三片称"坊"，从北到南依次为：衣锦坊、文儒坊、光禄坊等；向东七条称

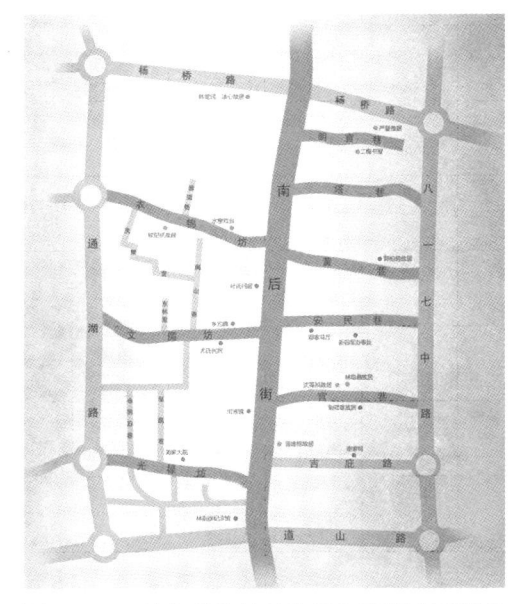

图 2-8　三坊七巷的坊巷格局与明清古建筑分布图

图片来源：三坊七巷官网，http://www.sfqx.gov.cn/r/cms/www/sfqx/map/map.html

"巷"，从北到南依次为：杨桥巷、郎官巷、塔巷、黄巷、安民巷、宫巷、吉庇巷等；总占地面积约 40 公顷。瓦屋白墙，布局严谨，建筑精致，匠艺奇巧，是闽越古城民居特色的集中荟萃，被誉为"明清古建筑博物馆"。

(二) 建筑时代特征

上文提及①，我国的闲置空间范围中包含着许多不同时代的、多样性的历史建筑，这些历史建筑扩充、泛化了"建筑遗产"的衡量标准和范畴，使得相对平凡世俗的历史建筑也有可能作为"建筑遗产"，为现在乃至将来的区域景观贡献出美学价值，并为环境的多样性做出各种贡献。因此，关于闲置空间再生的研究范围，本书从人类多元文化的整体出发，既重视拥有历史性人文特征、完整文化风貌或优秀文物古迹的建筑遗产，也重视具有时代特征的旧厂房、旧仓库、旧码头等闲置区域，它们都具

---

① 详见本书绪论部分第一节。

有特殊的场所感，刻满了过去人们居住、生活以及工作的印记，具备多元的建筑特色，具有更积极的使用方式或者使用潜力。位于上海苏州河与黄浦江沿岸的闲置建筑群，就具有典型的时代特征，处处体现着老上海旧厂房、旧码头、旧仓库群的原相价值。

苏州河古称吴淞江，连通五湖四海，是上海的母亲河。20世纪的上海贸易货运量剧增，是全国乃至全世界重要的产业城市。苏州河的内河交通运输功能随之增强，兴建了各种米码头、水果码头、酒码头、木码头以及垃圾码头等大量行业码头，之后又在各个码头附近相应修建了各种仓库，见证着当时上海的兴隆。在改革开放前，苏州河两岸又先后建造了大量的工厂和新仓库，聚集了大量外来人口，这导致了20世纪八九十年代苏州河严重的污染问题。但因祸得福的是，污染的严重性甚至使房地产商都避之不及，这反而使苏州河两岸保留了大量租界时期兴建的、具有强烈时代特征的仓库群。

自19世纪60年代起，外商开始在中国建设工厂，主要集中在苏州河北岸和黄浦江以西。19世纪末到20世纪20年代，上海迅速崛起，成为近代的大都市。各国的资本家纷纷从上海掠夺原材料和倾销商品，也因此开办了一批规模较大的工厂。这些工业建筑普遍分布于杨浦和闸北等区域。到20世纪30年代，上海的工厂总数达到全国的一半以上。到1949年，上海已经成为全国最大的工业城市，共有工厂10000多家。如今位于黄浦江北岸15公里的杨树浦旧工业区，残留着当初辉煌的工业文明：杨树浦路2200号——电站辅机厂，是原美国通用电气公司在亚洲第一大厂的原址[①]；杨树浦路2524号——杨树浦煤气厂，前身是1863年（清同治二年）创办的大英自来火房，它的炭化炉房曾是中国第一座钢结构的厂房建筑；杨树浦路2800号——杨树浦发电厂，是原公共租界工部局电气处的厂房；杨树浦路2866号——上海第17棉纺织总厂，是原日商裕丰纺织株式会社；还有中国最早的工业化造纸厂、第一家工业化制糖厂、

---

① 杨树浦路2200号的电站辅机厂，于2004年起，经登琨艳打造成为集环境艺术设计、工业产品设计、服装饰品设计、影音视像设计、图像软件设计于一体的创意产业园区。

第一家城市自来水厂……①

(三) 建筑功能特征

在人类建筑的发展史中,建筑功能作为社会生活方式的反映,是建筑中最根本的决定性因素,具有永恒的生命力。我国的闲置空间中,有许多建筑仍然具备特有的空间材质、尺度、比例、采光方式等功能特征,例如北京的798②,就具有包豪斯建筑风格所特有的空间尺度和空间功能。它们在闲置空间的再生中,如果利用得当,仍然有可能支持再生空间的新需求,适应和配合再生过程中的人类活动,以及活动的性质、相互关系和变化规律。

798艺术区最具特色的是独特而稀缺的包豪斯风格建筑,坚固、实用并且美观。798艺术区内,包豪斯建筑风格的工业厂房共有4处,建筑面积达9.3万平方米,厂房内部挑空10米以上,高大空旷。整体以水泥浇筑,朝北的顶部是混凝土浇筑的弧形实顶,从外部看,呈锯齿状相连在一起;北面整体是斜面玻璃窗,与北面整体为墙、窗户开在南面的北京传统风格建筑恰恰相反,形成特有的视觉识别;朝北的斜面玻璃窗户有利于充分利用天光和反射光,为建筑带来了充足的室内光线,并保持了光线的均匀和稳定;考虑到备战的需要,屋顶很薄并且带有细缝,然而骨架却非常结实,整体浇筑,堪称工业发展史上的文物③。

---

① 资料来源:登琨艳:《空间的革命:一把从苏州河烧到黄浦江的烈火》,华东师范大学出版社2006年版,第64页。
②798艺术区又称"大山子(文化)艺术区",位于北京市朝阳区酒仙桥大山子地区,主要指北京七星华电科技集团有限责任公司所属的718联合厂。718联合厂是中华人民共和国成立初期,由前苏联援建、原民主德国负责设计施工的包豪斯建筑风格的轻工业厂房,曾被称为"新中国电子工业的摇篮"。798艺术区总占地面积138公顷,其中由798艺术区管理机构办公室管辖的范围占地面积69公顷,总建筑面积23万平方米,由艺术家和艺术机构租用的建筑面积约12万平方米,占一半以上。
③ 牛为麟、彭翊主编:《北京市文化创意产业集聚区发展研究报告》,中国人民大学出版社2009年版,第171页。

图 2-9　798 艺术区内的包豪斯风格建筑

图片来源：798 官网，http://www.798art.org/organization706.html

798 中包豪斯建筑风格特有的空间尺度与空间功能，吸引着国内外知名艺术家和艺术机构的进驻和集聚。随着 798 的日渐知名，2007 年起，艺术区的节庆活动开始被冠名为"北京 798 艺术节""北京 798 创意文化节"等。如今的艺术区"798"，已经是工厂编号、地理概念和文化概念的叠加。

以 798 艺术区和 751 北京时尚设计广场为核心区，以其周边散布的索家村、花家地艺术群落、草场地艺术园、崔各庄 1 号地艺术园、将府艺术园、酒厂艺术院区、环铁艺术院区、费家村、观音堂、尚 8、竟园等，以艺术家工作室和文化艺术机构的集聚为主的艺术群落为辐射区，则统称为"泛798 艺术区"①。这里已经成为中

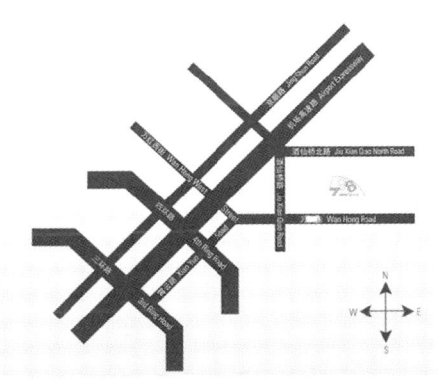

图 2-10　798 艺术区地理区位图

图片来源：798 官网，http://www.798art.org/contact.html

---

① 据不完全统计，截至 2008 年，泛 798 艺术区已经拥有艺术机构超过 1000 家，从业人员 1.3 万人，其中核心区艺术机构约 400 家，从业人员约 1 万人，分别占整个集聚区艺术机构和从业人员的 40% 和 77%（数据资料来源：798 官网 http://www.798art.org/about-1.html）。

国当代艺术的集散地和文化艺术的展示中心，成为具有国内外影响力的文化创意产业集聚区。①

三、当地政策与制度资源

当地政策与制度资源是闲置空间保护和再生的重要资源特性之一。闲置空间的保护和再生是一项长期而艰巨的任务，涉及到的方面和利用的资源众多，这就需要规范地秩序，需要法律法规的保护、当地政府的政策扶持和制度支持。闲置空间保护与再生的相关法律体系必然是一个逐步完善的过程，随着时代的变化，拆与保的选择、保护与再生的原则与方法也会发生相应的变化。具有浓郁建筑时代特征的上海苏州河及其沿岸的闲置建筑群的保护，就是世界规划史上难得一见的政策保护行为。

改革开放后，上海市政府开始逐渐注意到苏州河严重的污染问题，并终于下定决心全心治理、改善环境。1997年，台湾著名建筑师登琨艳在苏州河沿岸选取租用了南苏州河路1305号、建于1933年的、杜月笙家Art Deco中期风格的砖木结构老粮库，作为他的建筑设计事务所。登琨艳在尊重原建筑、保留建筑时代特征的前提下，对老仓库力求不着痕迹地用心改善，感染了上海的文化圈、艺术圈和时尚圈。此后，艺术家入驻苏州河畔逐渐转变成一种都市时尚运动②，登琨艳也因此获颁"联合国教科文组织文化遗产保护奖"，引来了全国乃至全世界各大媒体的

---

① "美国《纽约时报》曾将'798'与纽约当代艺术家聚集区苏荷区（SOHO）相提并论；美国《新闻周刊》评选出的'世界城市TOP12'，北京由于'798'的空间重塑得以入选；《时代周刊》将其评为全球22个城市艺术中心之一；法国《问题》周刊以《新北京已经来临》为题载文，介绍北京的'798'现象，认为'798'的出现是中国正在苏醒的标志之一。"——刘雪涛、李岱松、张革等编著：《首都文化创意产业标准化》，科学出版社2010年版，第136页。
② "据不完全统计，苏州河两岸有画家、设计师、广告人、影像艺术家、建筑师等工作室100多个，集聚了1000多名艺术工作者。"——登琨艳：《空间的革命：一把从苏州河烧到黄浦江的烈火》，华东师范大学出版社2006年版，第28页。

争相采访和报道。系列相关事件影响了当时上海市政府正如火如荼且稍显鲁莽的建设行动,并促成其把从乌镇路桥到浙江路段划定为法定上海近代建筑文化保护区,把苏州河综合治理一期工程列为上海重要工程建设的"一号工程",成为在全世界各地的都市规划史上都难得一见的案例①。

位于上海市卢湾区建国中路的8号桥②,则是政府让权与开发商运作结合的创意地产项目的典型案例。20世纪90年代,随着上海市政府中心城区"退二进三"的产业结构调整,卢湾区地域范围内的传统制造业逐步迁出,该地便留下了7座旧厂房。2003年下半年,在上海市经委和卢湾区人民政府的支持下,由上海华经投资有限公司、香港时尚生活策划咨询(上海)有限公司和上海工业旅游发展有限公司斥资4000万元,共同对这片旧厂房进行开发、改建、招商并管理③。

经过精心打造,8号桥成为上海市文化创意产业集聚区的新地标,先后荣获"全国工业旅游示范

图2-11　8号桥1期、2期和3期地理区位图

图片来源:8号桥官网,http://www.bridge8.com/website/htmlcn/where.htm

---

① 登琨艳:《空间的革命:一把从苏州河烧到黄浦江的烈火》,华东师范大学出版社2006年版,第22页。
② 8号桥占地面积7000多平方米,总建筑面积1.2万平方米,周边就是上海三大顶级CBD之一的淮海路商圈。8号桥一带曾为旧属法租界的一片旧厂房,后于1949年成为安泰公路汽车运输行,1956年改名为公私合营安泰汽车材料制造厂,1965年安泰汽车材料制造厂改名为上海汽车制动厂。
③ 褚劲风:《创意产业集聚空间组织研究》,上海人民出版社2009年版,第181页。

点""上海市企业信息化示范园区""上海对外文化交流基地""上海优秀创意产业集聚区""上海名牌区域",以及2011中国广告与品牌大会的"2010中国广告创意实效特别大奖"等称号。此后,时尚生活中心集团有限公司开始陆续打造并推出延续8号桥品牌理念的、位于卢湾区中南部局门路的"8号桥2期和3期"①。8号桥2期和3期的打造,进一步扩大了集聚区规模,业态更加完整、租户更加多元、空间布局更加人性化、办公条件也更加优越。8号桥2期和3期于2010年初开幕,截至2011年底,进驻率已经达到95%。

上文提及的建筑时代特征和功能特征兼具的798艺术区,在民间自发形成和发展壮大,逐渐演变成地方政府与国有企业共同规划和建设的文化创意产业集聚区。作为利益共同体的地方政府、园区机构以及园区内的经营主体,共同承担责任和分担风险,地方政府负责参与组建事业性质的机构,引导工业厂区与公共社区的综合协调管理和服务。经过共同协商、集体决策和专家建议,朝阳区委、区政府和798的业主七星集团共同组成了北京798艺术区领导小组,并下设北京798艺术区建设管理办公室作为工作机构,挂靠于区委宣传部,自收自支,同时还筹建了艺术区发展促进会,为集聚区内的艺术家和艺术机构提供基础性支持,由此形成798艺术区高层次的议事协调机构和办事机构。从曾经民间自发的自组织阶段,转变为以业主七星集团为主导的运行机制,798艺术区形成了国有企业掌控、集工业和艺术于一体的综合性社区。政府为集聚区提供市政配套设施,七星集团则作为项目实施主体,负责统筹、规划和建设集聚区内的公共服务平台;由七星集团投资控股,组建了"北京798文化创意产业投资股份有限公司",担负集聚区内规划建设项目的运作和对外合作;侧重于以艺术为主体的798艺术节和侧重于以产业为主体的798创意文化节,均由七星集团出资举办;集聚区内的物业管理服务,

---

① 8号桥2期的前身是熊猫电池厂,建筑面积达1.57万平方米;3期的前身则是20世纪50年代的上海白象天鹅电池厂,总建筑面积达1.35万平方米。

也由七星集团的物业部门全方位提供。由此基本确立了798艺术区政府引导、国有企业主导以及艺术机构主体共同参与的管理机制和运行机制。

综上，闲置空间具有各个方面的资源特性，既包括自然地理环境、经济地理环境和社会文化环境等地理环境资源，也包括闲置建筑的历史文化风貌、建筑时代特征、建筑功能特征等建筑特色资源，还包括当地的政策与制度资源等。值得一提的是，以发展现状来看，我国的闲置空间再生中，并不仅仅是单一的资源特性在起作用，绝大多数闲置空间的再生都是多种资源特性的共同效用，它们互相促进并协同发展。

第二节 以闲置空间资源特性为导向的文化创意产业进驻

一、资源特性吸引了知名艺术家的率先进驻

我国的许多闲置空间，以其各个方面的资源特性吸引了各个门类知名艺术家的率先进驻，起到了带头作用，促进了闲置空间的再生，从而促成了文化创意产业的集聚。位于首都北京周边的宋庄，就是以地理区位的优势和农耕文化氛围的特有吸引力，吸引了知名艺术家的带头进驻，更促使其逐步形成了浓郁的艺术氛围和优越的创作环境。

宋庄位于北京城区的附近，既与城区保持着密切的联系，又远离城区的喧嚣，此"若即若离"的选择背后，体现着宋庄在交通与租金等方面的区位优势，为艺术家们的进驻提供了宽松的创作空间。自1993年著名艺术家黄永玉在宋庄建立了万荷塘工作室起，次年，方力钧、岳敏君、张惠平、高惠君、栗宪庭、杨少斌、刘炜、王音等艺术家们也相约入驻宋庄的小堡村，之后约300多名画家相继自发前往宋庄，租住村中民宅进行生活和创作，宋庄的原始景观自此初步形成。1995年，圆明园画家村的被迫解散促成了以圆明园艺术家为主力成员的集体大迁移，逐步形成了颇具规模、不断完善和扩大的自由艺术家群体，这些艺术家们主要分布于以宋庄小堡村为核心的邢各庄、白庙、小杨庄、北寺、任庄、喇

嘛庄、辛店、大兴庄、六合等各个自然村中，对宋庄艺术群落的形成产生了深刻的影响。

其实自由艺术家与农民之间有着某种特殊的关联，那就是闲散自在的生活状态。中国的农耕文化就是农民在长期的农业生产中形成的一种风俗文化，以农业服务和农民自身娱乐为中心，集合了儒家文化和各类宗教文化于一体，形成特有的文化内容和特征，其主体包括戏剧、民歌、语言、风俗和各类祭祀活动等，是中国存在最为广泛的文化艺术类型。农业社会的本质要求相对静止的社会生活节奏和相对稳定的分工，从这一角度来看，农耕文化的氛围和闲散自在的生活状态比较适合自由艺术家生活和创作的需要。

随着艺术家日益形成规模，宋庄开始被人们称为"画家村"，逐步发展成为我国最大的原创艺术家集聚群落。1996年底，北京文化发展基金会的成立，奠定了"宋庄当代文化专项基金"的启动基础。1998年，钟天兵建起了"画家村网站"，开始介绍宋庄和宋庄艺术家们的情况。1999年9月，宋庄被国务院体改办列为全国小城镇试点镇，"宋庄当代展"开幕。2000年初，宋庄"画家村"已经声名远播了，在文化创意产业的推动下，宋庄不断实现业态升级，从纯粹的画家村逐步向文化创意产业园区转变。原先单纯的居住性艺术家聚集方式，开始逐步发展成为原创艺术家、画廊、艺术经纪人、艺术批评家等共同组成的艺术集聚区。2005年，首届"宋庄文化艺术节"开始举办，之后发展成为每年一届的重大艺术活动。2006年，中国最大的动漫企业——"三辰卡通集团"的北京总部和制作基地开始进驻宋庄，这"标志着宋庄进入文化创意产业发展的新阶段"。[1] 到2009年，宋庄原创艺术集聚区的艺术品年交易额已经超过5亿元，越来越多的艺术家、艺术批评家、画廊、拍卖行和收藏家将目光聚焦于此，塑造了当代艺术的"中国·宋庄"品牌。

---

[1] 孔建华：《北京市宋庄原创艺术集聚区的发展研究》，载《2007年：中国文化产业发展报告》2008年版，第370页。

经过近20年的发展,宋庄已经成为一个工业建筑和民居错落分布的区域,拥有具有现代艺术风格的、全国唯一的村级美术馆——宋庄美术馆、上上美术馆、尤伦斯当代艺术中心等,许多由国内外专业设计师设计的艺术空间,以及许多艺术家的个人工作室。很多进驻的艺术家主要是租住宋庄镇中的民居、闲置工业厂房和仓库等,这些被租住建筑的外观从整体上日益展示出艺术村特有的文化风貌。目前,宋庄已拥有初具规模的艺术区十多个,3000平方米以上的艺术场馆近20家,大小画廊100多家,进驻艺术家达5000多名,已建成包括门户网站在内的4家艺术网站,已经形成了一个集现代艺术作品创作生产、展示交易、艺术教育、学术交流和文化服务于一体的艺术品市场体系,相关的基础设施建设、配套产业和服务行业也随之迅速发展起来。

与宋庄的地理区位优势和农耕文化氛围不同,北京798是因其建筑特色优势和工业文明的吸引力开始受到重视。1995年,中央美术学院雕塑系的教授隋建国,以0.3元/天每平方米的价格租用了706厂3000多平方米的闲置仓库作为雕塑创作车间,受委托制作抗日战争纪念馆群雕,雕塑工程完工后,翻模工罗海军续租,并设立了雕塑工厂,此雕塑空间存在并经营至今,成为798艺术区诞生的标志之一。2002年,美国人罗伯特·伯纳欧租用了798厂120多平方米的回民食堂,改建成艺术书店,798第一个境外租户就此产生。2003年发起了规模空前的大型活动"再造798",各个艺术机构都在自己的空间内办起了展览,引来观众两三千人,使得798声名鹊起。此后,就陆续有100多家艺术机构以合适的价格先后租用并改造了大约2万平方米的闲置厂房,而业主七星集团也因此获得了不菲的租金收益,缓解了当时正面临的资金压力。2004年起开始举办每年一届、民间性质的国际艺术节,798的知名度得到巩固和扩大。2004—2006年,798先后被认定为北京市十大市级文化创意产业集聚区之一、市级重点引导发展的艺术园,纳入规划,予以重点扶持。2007年起,

798艺术区的艺术节由民间性质转变为准官方性质①。

798艺术区的形成,首要的原因在于工业建筑闲置空间利用的开放性和可塑性等功能特征,以及建筑遗产的魅力——包豪斯风格建筑的独特性和稀缺性;其次是身为闲置空间的合理租金价格促使798艺术区以民间力量自然形成成为可能。这样的资源特性吸引了知名艺术家的选择和进驻,其首都区位优势和交通地理因素,又对艺术家和艺术机构产生了很好的集聚效应。中央美院在租用798闲置仓库作为雕塑车间的6年时间中,还为高等艺术院校在798的交流互动和学术支持建立了开端,并提供了艺术人才资源。

迄今为止,工业文明是最富活力和创造性的文明,798艺术区是典型的工业建筑遗址,厂房错落,砖墙斑驳,管道纵横,是工业时代与后工业时代风貌的并行,具有独特之处:一是798艺术区其实依然是一个以工业生产为主的厂区,依然在继续生产,只是工业区中有部分在淘汰和升级的过程中闲置出来的厂房,被艺术家们和艺术机构加以改造利用,在保留厂房工业气息和厂区工业发展历史余温的同时,创作和展示艺术,逐渐演变成工业与艺术共处,生产与服务共存的多功能区域。二是如今的798俨然是一个较为成熟的商业艺术区,汇集了艺术家工作室、艺术展示空间、设计工作室、画廊、时尚街铺和餐饮酒吧等众多文化创意产业元素,门类较为齐全、产业链较为完整。作为一个非常规的艺术场所和商业环境,798无需对实验性和民间性的艺术活动做出太多关于准入门槛的限制,因此许多国内外前卫的文化艺术活动相继并持续选择在798举办、展示和交流,也由此吸引了各个层次的艺术家和艺术机构前往汇聚。

宋庄具有地理区位优势和农耕文化氛围,北京798具有包豪斯风格的建筑特色优势和工业文明的吸引力,而福建德化的月记窑,则以特有

---

① 当年为期两周的艺术节活动分成7个部分、110个项目,吸引了近19万国内外人士前往参观;奥运因素也推动了政府的投资,艺术区内的基础设施、文化环境显著改观;798艺术区的示范引导效应显著提升;751北京时尚广场也于2008年被认定为市级集聚区,泛798艺术区的规模逐步扩大。

的地域资源和海洋文明历史，吸引了知名艺术家的率先进驻并形成文化创意产业的集聚。德化是中国陶瓷文化的发祥地之一，德化窑是我国古代南方著名瓷窑，德化瓷一直是我国重要的对外贸易品。宋元时代，德化瓷器随着泉州港商业的发展、海外贸易的发展而畅销海外，成为"海上丝瓷之路"的重要商品。郑和下西洋所带的瓷器中就有福建的"德化瓷"；意大利著名旅行家马可·波罗在游历福建泉州时，也盛赞德化陶瓷并将其带往海外各地。柴烧是延续几千年的最古老的陶瓷烧制技艺，德化窑的柴烧文化在中国乃至世界文化史上都占据了重要地位。柴烧技术随着工业化的进程已经基本被现代工艺手段所取代，但至今仍为各地陶艺大师所钟爱。如何使古龙窑和柴烧技艺都完好地保护、发展与传承下去，让千年的文明造福人类，困扰着当代的陶艺家们。

2009年春，旅德泉州籍艺术家吴金填先生带领数名国内外知名的陶艺家前往月记窑考察，被当地原生态的自然人文景观和底蕴深厚的陶瓷文化所吸引，随后在这千年古窑的遗址上扎根，创建了月记窑国际当代陶瓷艺术中心①。吴金填先生在弘扬和传承瓷都德化陶瓷文化的基础上，开创了瓷都德化当代陶瓷艺术和陶瓷创意产业的历史先河。他所创建的月记窑国际当代陶瓷艺术中心，具有得天独厚的窑土条件，并以当地独有的古龙窑和中国古法烧制柴窑文化为主题资源，又相继建成了德化龙窑、新西兰盐烧柴窑和美国窑炉在内的几座窑炉，以国际陶瓷艺术展示等陶瓷文化的交流活动为载体，配合民俗风情浓厚的自然资源，吸引世界各国陶艺大师前往，进行陶瓷艺术品创作与陶瓷文化交流活动，成为有相当知名度和美誉度的国际当代陶瓷艺术创作、展示和交流中心，在建立后一年内就吸引了逾10万人前往创作和观摩。②

---

① 陈燕：《福建省地方文化产业研究》，中国戏剧出版社2013年版，第146页。
② 同上。

建于古龙窑遗址旁的月记窑国际当代陶瓷艺术中心，通过建设陶瓷创意产业研发基地，组织国内外知名陶瓷艺术家成立研发团队，开发设计原创作品，创新当代陶瓷生活艺术空间，打造了高端生活艺术装饰品品牌"月记窑"和创意茶具专用品牌"心茶印器"，并不断优化产业结构，提升产业能力，形成了原创、展览、展示、销售、收藏的产业链，构筑了有力的产业支撑体系。中心建成3年多来，先后已有来自30多个国家的上千位国内外具有相当影响力的艺术家前往开展创作、培训和交流活动，成功举办多项国际陶瓷艺术交流活动。在德化的陶瓷文化发展历程中，月记窑国际当代陶瓷艺术中心留下了浓墨重彩的一笔。"我们希望借此把一切创作融入周围浓郁的文化氛围之中，古老文化与现代文明的碰撞能够激发创作的灵感，陶艺作品的创作也将更有思想深度。常年在大都市中生活，创作灵感会在不知不觉中日渐麻木，而在月记窑这种原生态的历史文化背景中，我们找到了创作激情和灵感，觉得是在为几近衰败的月记窑续写历史，并促使她重现辉煌……"[1]

二、资源特性带来的人气产生效应

我国的许多闲置空间具有多方面的资源特性，带来了旺盛的人气，创造了商机，从而吸引了文化创意产业的进驻和集聚。福建厦门的鼓浪屿，就是以秀丽山海风景、万国建筑风貌和底蕴深厚的人文环境，带动了旅游业的发展，为其带来了旺盛的人气，从而也引发了政府和民间对鼓浪屿历史风貌持续和较为有效的保护。随着2000年《厦门市鼓浪屿历史风

---

[1] 吴金填，月记窑国际当代陶瓷艺术中心官网 http://www.yuejiyao.com/cn/default.shtml。

貌建筑保护条例》①的颁布，鼓浪屿历史风貌建筑有了针对性的规定，历史建筑的保护与更新也自此有章可循，2000年后比较有代表性的有英国和美国领事馆的修缮与再利用、海天堂构、大夫第、四落大院、金瓜楼等建筑的保护与更新等，这些项目都跟旅游文化与创意产业发展有紧密的联系，且都取得了一定的社会效益和经济效益。

按历史风貌建筑的分布状态，鼓浪屿根据其结构特征实行了"七片八线多点"的保护方式，同时规定保护要坚持建筑单体和整体环境统一、典型个性和群体风貌统一、个体分布和整体结构统一、保存维护和开发利用统一、统一规划和分期实施统一等五大原则。保护范围的划定要坚持整体空间景观环境原则、建筑场控制原则、最小距离原则、视线保护原则等四大原则。除了对历史风貌建筑进行保护之外，鼓浪屿还重视对非历史风貌建筑的开发进行合理安排和有效控制。在土地使用功能方面以自然和文化旅游及其配套功能开发为主；在建筑形象方面注重建筑的尺度、高度、材料、布局和屋顶形式等方面，注意与历史风貌建筑的协调统一。2006年，鼓浪屿万石山管委会推出了"老别墅认养"新政，鼓励企业或个人出资维护老房子。企业和个人通过认养进行投资，把部分别墅开发成文化旅游和创意产业项目，如展览馆、会所、音乐酒吧、创意商店等。2007年3月，针对鼓浪破败房子改造问题的《鼓浪屿危房改

---

① 《厦门市鼓浪屿历史风貌建筑保护条例》定义了鼓浪屿历史风貌建筑是指1949年以前在鼓浪屿建造的，具有历史意义、艺术特色和科学研究价值的造型别致、选材考究、装饰精巧的具有传统风格的建筑。厦门市政府成立了鼓浪屿历史风貌建筑保护委员会，作为专门从事历史风貌建筑认定和指导实施保护的组织机构，对全岛309幢建筑进行调查评价，推荐了206幢建筑作为历史风貌建筑，其中重点保护建筑有82幢，一般保护建筑有124幢。鼓浪屿历史风貌建筑的"性质主要包括居住建筑、领事馆建筑、教堂建筑、公共企事业建筑和部分园林景观建筑等。其中别墅、公馆和民居占70%，公共建筑占30%。建筑产权80%为私房，20%为公房。建筑质量属3—7级。"——数据来源：王唯山：《鼓浪屿历史风貌建筑保护规划》，载《城市规划》2002年第7期，第55页。

造规划与设计导则》出台；紧接着厦门市发展和改革委员会与鼓浪屿管委会又共同推出了将鼓浪屿建设成"公园之岛、文化之岛、休闲之岛"的建设项目规划。①

在鼓浪屿历史街区的有效保护和充分利用中，鼓浪屿的创意产业逐步发展起来，主要包括装点鼓浪屿艺术气息的各种艺术学校、艺术表演场所以及艺术展览场馆；装修主题丰富、风格迥异的家庭旅馆；岛上各具情调的咖啡馆和酒吧；餐饮业中的各种时尚餐厅以及精心布置的时尚创意展示商铺等。在艺术表演方面，有鼓浪屿合唱团和厦门爱乐乐团，另有鼓浪屿音乐厅作为岛上的艺术表演场所。在艺术展览方面，鼓浪屿上有中国唯一的钢琴博物馆，世界上最大、中国唯一的专门展示古风琴的博物馆，租界历史博物馆，国际邮票展览馆，观复古典艺术展览馆，怀旧鼓浪屿展览馆，海峡两岸博物馆等共计14个展馆。在艺术教育方面，鼓浪屿上有厦门市音乐学校、福州大学厦门工艺美术学院、厦门演艺学院等三所艺术教育机构。各种时尚餐厅约有35个品种和品牌，创意家庭旅馆共计34家，休闲咖啡馆和酒吧共计15家。此外还相继诞生了一批别具一格的创意商店，例如位于晃岩路1号的虾米堂X'MART，经营从闽南文化出发，融合闽南元素与生活方式创作的文化创意产品。

位于云南丽江的四方街，在历史上就是一个商品交易的场所，自史至今都是个人气旺盛的商业中心。自丽江古城被列入《世界遗产名录》，填补了中国世界文化遗产中无历史文化名城的空白之后的10多年来，丽江以对世界文化遗产的保护和宣传带动了文化创意产业和旅游业的发展，又以文化创意产业和旅游业反哺文化遗产的保护，其具体实践被联合国

---

① "计划于2007年内开工并完成建设项目22项，总投资9800万元，其中包括公园之岛2项，投资1000万元；文化之岛3项，投资4400万元；休闲之岛15项，投资4100万元；市政配套2项，投资300万元。2008年开工并完成建设项目23项，总投资7350万元，其中公园之岛4项，投资1800万元；文化之岛6项，投资2900万元；休闲之岛12项，投资2500万元；市政配套1项，投资150万元。"——数据资料来源：中国鼓浪屿网 http://www.gly.cn/。

教科文组织称为是"为困惑的中国乃至世界城市类型文化遗产保护面临的共同难题探索出了全新的路子和经验"①。

丽江古城有丰富的传统文化和众多的古迹文物,是我国最具民族风格且保存最完整的古代城镇之一。从城市功能上来看,丽江古城一直都是商业性质的城市②。而以四方街为核心的丽江古城,长期展现着纳西族、藏族、白族、汉族等各个民族共同相处的特殊风貌和多元的社会文化形态。如今古城内已经形成了各种旅行者、摄影师、艺术家和文艺工作者的集群,成为各种茶馆和酒吧、表演艺术场馆和文物博物展馆、艺术书店和创意商店、民宿和客栈等文化创意行业的聚集之地。可见,依风景秀美的古城而生的四方街,以自身的资源特性带来了旺盛的人气,形成了商业中心,并因此滋生了文化创意产业。

位于上海泰康路的田子坊,是利用街区资源特性及其带来的人气自主开发文化创意产业的典型案例。在20世纪80年代初期的环境治理和90年代中期的工厂企业改制中,泰康路两侧的大批厂房闲置下来,而泰康路位于上海市的中心地段打浦桥,具有优越的地理位置和浓郁的市民气息。鉴于此,打浦桥街道办事处率先提出以盘活资源,增加就业,发展创意产业为目标,利用闲置厂房资源招商营建泰康路工艺品特色街的设想。

1999年1月,卢湾区人民政府区现场办公会议研究并确定了这一改造方略。3月成立由15个区级委办局成员组成的管理委员会,下设办公室。12月引入一路发文化发展有限公司,这一陶瓷工艺品卖场700平方米的营业面积,得到免租金十年的优惠条件。随后,画家陈逸飞进驻并设陈逸飞工作室(于陈逸飞逝世后关闭);摄影家尔冬强进驻并设"汉源文

---

① 国家文物局网站:《世界文化遗产——丽江古城》,http://news.xinhuanet.com/ziliao/2003-08/04/content_1009125.htm。
② 传说四方街是丽江木氏土司根据代表黄泉的印玺形状设计修建,在茶马古道文化时期,四方街是茶马古道上最重要的枢纽站。明清以来各方商贾云集,各个民族的文化在这里交融汇合,是历代集市的中心,是南来北往的商人们交换商品的市集。

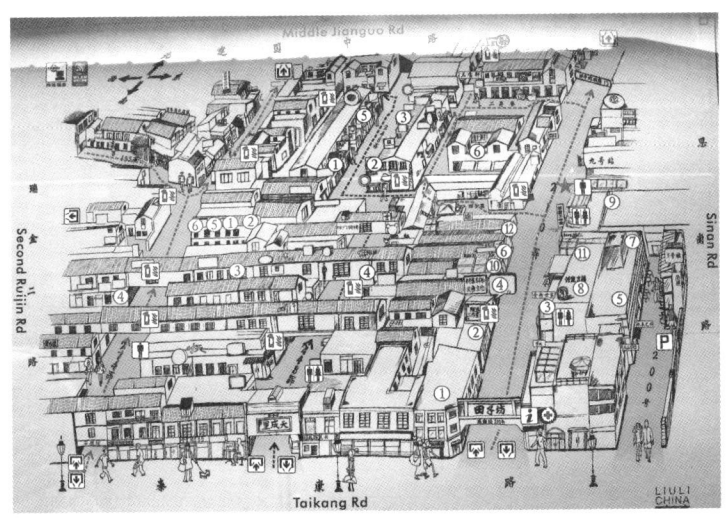

图 2-12 上海田子坊坊巷结构图
图片来源：田子坊坊口的手绘展示图

化"（尔冬强艺术中心）；张锦迪的易典画廊、郑登基的顺基文化艺术中心等也相继进驻……2001年10月，位于泰康路210弄的原上海食品机械厂的5层厂房改为由来自各国的艺术家组成的艺术创作中心，建筑面积约为4500平方米。至2002年，一条没有国家投资的艺术文化街初步形成，成为上海市古玩艺术收藏品市场三市四街之一。如今，陈逸飞生前设计的"艺术之门"跨街雕塑屹立于泰康路的东端，成为上海泰康路艺术街的街标；尔冬强工作室每月一次的歌剧演唱会高朋满座；香港的著名陶艺家郑祎开设的乐天陶艺馆吸引着国际陶艺界的展示和交流，在世界陶艺界也享誉盛名；上海自在工艺品公司的缕青竹刻则在沪上竹刻中独树一帜，产品畅销国内外。

三、经济和政策支持的直接效果

闲置空间的保护和再生是一项长期而艰巨的任务，涉及方面与调动资源众多，政策、制度、法规的扶持，作为当地闲置空间保护和再生的重要资源特性之一，为文化创意产业的进驻和集聚提供了重要的经济支持和政策支持，具有直接的吸引作用。闲置空间的保护和再生，以及文化创意产业的进驻和集聚，是传统产业向现代服务业的跨越，是近年来的新议题和新方向,其相关法律体系也处于起步阶段,有待于不断发展完善。

上文①提及,上海市政府把从乌镇路桥到浙江路段划定为法定上海近代建筑文化保护区,把苏州河综合治理一期工程列为上海重要工程建设的"一号工程",成为在全世界各地的都市规划史上都难得一见的案例,政府的直接政策支持对文化创意产业的进驻和集聚产生了积极的作用。苏州河一带闲置空间再生中的文化创意产业集聚,最具代表性的当属莫干山路50号(简称"M50")②。2002年,上海市经委将其命名为"上海春明都市型工业园区",2004年又更名为"春明艺术产业园",2005年挂牌为上海创意产业集聚区之一——M50创意园。此后,M50先后吸引了包括法国、英国、加拿大、意大利、瑞士、以色列和挪威等在内的17个国家和地区,以及国内十多个省市的画廊、平面设计、建筑师事务所、环境艺术设计、艺术品(首饰)设计、影视制作等艺术机构和130多位艺术家的进驻,先后成功举办了上海国际服装文化节、法国工商

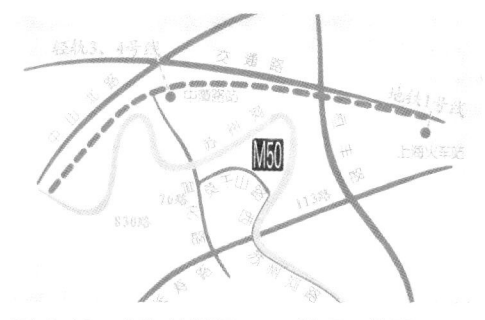

图2-13 上海苏州河M50地理区位图

图片来源:个人微博,http://yslshanghai.poco.cn/album/album_show_photo_list.htx&user_id=44659044&set_hash=1299103220

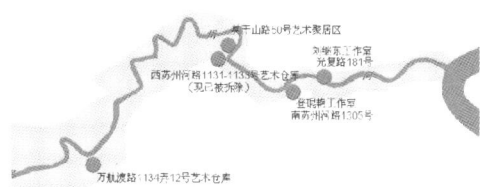

图2-14 苏州河沿岸创意产业早期自发集聚示意图

图片来源:高峰《上海苏州河沿岸创意产业发展机理研究》,上海师范大学2009年硕士论文,第30页。

---

① 详见本书第二章第一节"当地政策与制度资源"部分。
② M50位于苏州河南岸的半岛地带,占地35.45亩,拥有自20世纪30年代以来各个历史时期的工业建筑4.1万平方米。M50原先是近代徽商代表人物之一的周氏的家庭企业——信和纱厂,新中国成立后先后改名为信和棉纺厂、上海第12毛纺织厂、上海春明粗纺厂。

会、中国传统节日乙酉中秋论坛、宝马车展、诺基亚以及西门子产品推介等一系列时尚活动。艺术节和艺术机构的进驻、各种创意时尚活动的举办，为苏州河沿岸营造了浓厚的文化气息，使M50成为上海最具质量和规模的当代艺术社区。①

如今，以M50艺术集聚区为代表，包括南苏州路1305号的登琨艳工作室；光复路181号的刘继东工作室；万航渡路1134弄12号艺术仓库等在内的，受到政府颁布政策保护的29栋苏州河沿岸仓库的原址上，旧有建筑岿然不动，斑驳的墙体和屋檐上保留着20世纪30年代的记忆。这些留存着历史和旧影的空间，因为差异感而更富趣味和创造力，而创意与设计则取代了其原本作为仓库的功能。

与M50政府政策的直接保护和支持不同，上海8号桥是采取政府租赁经营的服务者角色与企业统一管理的开发主体角色结合的市场化开发方式。政府扮演服务者角色，仅提供知识和服务，不作为规划建设的主体，不参与项目的实际运行和管理，以公开招标的方式，最终赋予香港时尚生活策划咨询有限公司20年的承包经营权，负责园区的开发定位、规划论证、整体包装策划、改建招商以及管理工作。8号桥的正式名称为"上海产业咨询服务园"，包括上海（国际）产业转移咨询服务中心、上海市工业开发区招商服务中心和上海时尚创作中心，故有"一园三中心"之称。作为园区一期的核心单位，上海（国际）产业转移咨询服务中心是国内首创的一家以专业从事研究、跟踪和吸引全球产业转移，帮助国内外投资者选择商机腹地为目的的非政府组织；而上海市工业开发区招商服务中心是利用遍布全球的招商服务网络，捕捉并分析国际产业转移动态，客观、系统地为投资者展示上海投资环境的平台。上海产业咨询服务园的建设是落实中央政府《内地与香港关于建立更紧密经贸关系的安排》（CEPA）和上海市政府与香港特别行政区建立沪

---

① 资料来源：鲁婧（责任编辑）：《上海M50创意园》，人民网 http://artbank.people.com.cn/GB/209284/16930033.html，2012年1月20日。

港经贸合作机制、加强沪港经贸合作的具体行动。①

在8号桥的改造再生中,大量的玻璃门窗和青砖、金属丝网、木质走廊等装饰元素的使用,把凝聚着特有历史底蕴和文化内涵的老厂房变成了激发创意灵感、吸引创意人才、集聚创意产业的时尚载体。8号桥的精心打造和先进运作模式,吸引了设计金茂大厦的S.O.M、设计新上海国际大厦的B+H、英国著名设计事务所ALSOP、全球最著名的建筑事务所AEDAS、法国NACO建筑设计公司、法国F-emotion公关公司、创始暴雪魔兽世界团队创办的RED5、中国游戏软件开发行业的先行者WINKING动漫公司、新加坡band公关公司、吴思远电影后期制作室等70余家国内外著名的设计公司和创意品牌的进驻,成为顶级品牌信息发布和展示的平台,同时通过举办多场次的国际性文化活动来推广8号桥的品牌。8号桥是对原有功能的重组和改造,是对城市历史文化资源的发掘和运用;是位于上海闹市街头的闲置空间打造而成的创意写字楼,是政府让权之下资本与创意地产的结合,是在有限的城市土地资源中营造的无限创意价值。

四、合理政府规划的引导效用

合理的定位和具有前瞻性的政府规划,是闲置空间保护和再生中重要的当地政策与制度资源之一。根据闲置空间的资源特性,建立合理的评估标准,作出具有前瞻性的价值评估和合理的定位,确定改建后的文化受众和对象,确定再生后的空间属性,注重与周边行业的依托和互补关系,选择合适的实施方式,对文化创意产业的进驻和集聚具有引导效用。四川成都宽窄巷子的改造与再生,政府就是努力将"整旧如旧"和"整新如旧"相结合,基本实现了沿袭与衍生、遗存与创新的并蓄。

2003年,成都市宽窄巷子历史文化片区主体改造工程确立,决定外

---

① 管娟:《上海中心城区城市更新运行机制演进研究——以新天地、8号桥和田子坊为例》,同济大学2008年硕士论文,第40页。

迁原住的百姓，在保护老成都原真建筑的基础上，形成以文化创意产业和旅游休闲为主、具有鲜明地域特色和浓郁巴蜀文化氛围的复合型街区。改造的范围包括以

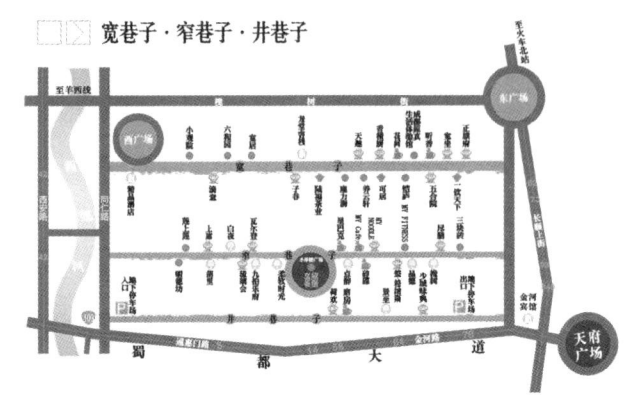

图 2-15　宽窄巷子改造后的坊巷结构图

图片来源：《宽窄巷子 14 号开街》，http://www.52ch.net/bbs/read-htm-tid-439764-fpage-955.html，2008 年 6 月 11 日。

宽巷子和窄巷子两大街坊为主的、占地 108 亩的核心保护区，和周边 300 多亩的环境风貌协调区两大方面内容。核心区保留了 40% 的建筑，以修缮的方式，按照原有特征进行修复，并完善内部设施；其余 60% 的建筑则是以"整旧如旧"为原则，在保持原有建筑风貌的基础上进行改建。而环境协调区内原有的大部分建筑予以拆除，以"整新如旧"为原则进行重新开发建设①。宽窄巷子的改造于 2008 年 6 月竣工，修葺一新的宽窄巷子由 45 个清末民初风格的四合院落、花园洋楼和新建的宅院式精品酒店等建筑群落组成。宽窄巷子保留和展示了原先就长期居于其中、融合了市民气息的传统文化和民间艺术，如蜀绣、蜀锦、竹编和漆器工艺等，修建了一系列特色纪念馆、旧时画馆、文馆、茶馆、戏馆等，邀请优秀的文化名人和艺术家进驻并从事创作。此外还有机结合了博览会展、策展活动、创意商店等创意产业的展示和交易，促成了文化创意产业在宽窄巷子中的集聚。

改造后宽窄巷子的院落文化分为三个主题：以旅游休闲为主题的宽巷子是"闲生活"区、以创意品牌为主题的窄巷子是"慢生活"区和以

---

① 刘雅芬：《成都投入 7 亿改造 200 年历史的宽巷子和窄巷子》，载《成都晚报》，http://house.focus.cn/newshtml/45964.html，2003 年 5 月 16 日。

时尚年轻为主题的井巷子是"新生活"区①。

如今,已有许多文化艺术的名流和国内外著名的创意商家、艺术机构进驻宽窄巷子,如翟永明、石光华、李亚伟等著名诗人,"香港室内设计之父"高文安,旗人后裔拉木尔羊角则长居于宽窄巷子的恺庐中,从事音乐与雕塑创作。宽窄巷子还长期举办文化创意产业博览会、创意生活节和各种展览活动,"宽窄光影"摄影长廊也常年举办各种创意摄影展。宽窄巷子已经成为成都老城区的往昔缩影,记忆深处成都市民文化生活的符号②。

成都宽窄巷子通过"整旧如旧"和"整新如旧"有机结合进行改造再利用的政府规划,推动了文化创意产业的进驻,实现了沿袭与衍生、遗存与创新的并蓄。而位于我国南部福建福州三坊七巷的保护和再生,则是通过政府委托专业机构制定"美学经济"③的文化创意产业业态激活策划得以开展。

福州三坊七巷在现代城市的发展和道路的不断扩张中已经逐渐退化

---

① 以旅游休闲为主题的宽巷子("闲生活"区),再现了老成都的市民气息和风土人情,如品盖碗茶、吃川菜,听老成都人摆龙门阵,看成都女孩修蜀锦等,体验濒临失传或者已经失传的民俗生活场景;以创意品牌为主题的窄巷子("慢生活"区),展示成都的院落文化,引进时尚创意品牌和特色创意主题商店,打造国际化的创意产业集聚之地;以时尚年轻为主题的井巷子("新生活"区),以颇具设计感和文化品位的酒吧和咖啡馆为主。——资料来源:刘雅芬:《成都投入7亿改造200年历史的宽巷子和窄巷子》,载《成都晚报》,http://house.focus.cn/newshtml/45964.html,2003年5月16日。
② 详见本书第二章第一节"社会文化环境"部分。
③ "'美学经济'的基本概念是以观赏、观看、凝视、体验、尝试性参与创造过程,领悟人类文化精神的当代生活消费方式。这是20世纪70年代以后,整个国际上对历史街区的保护与开发的基本手段。它是以人类文化精神的空间作为体验和认知中介,延伸出多种消费与体验的商业业态,由现实的稀缺性的美学空间形态,延伸出象征性、符号性的消费方式。"——马钦忠:《福州三坊七巷历史街区的保护与"美学经济"的振兴计划》,载《中国公共艺术与景观》,学林出版社2010年第3期,第128页。

成两坊五巷,居住环境逐渐恶化,古老而珍贵的建筑物也存在很大的安全隐患。面对三坊七巷种种亟待关注和解决的问题,福州三坊七巷保护开发领导小组和三坊七巷管理委员会于2007年成立,2008年底委托中国美术学院公共艺术学院对三坊七巷的文化商业业态策划展开课题科研和编制实施工作,拉开了以美学经济推动三坊七巷保护性开发的序幕:"三坊七巷街区的核心吸引力和美学主旨主要是两个方面:一方面,三坊七巷的历史城市公园遗存所延续的唐宋以来的城市坊巷格局;另一方面,由八个博物馆的展示和参与等多功能的视觉审美和博物馆体验构成三坊七巷文化历史纵深度的挖掘和核心看点。从这方面来说,三坊七巷的审美功能有更深的文化底蕴,聚集了更丰富的可供消费的美学产品"。[1]

被誉为"明清建筑博物馆"的福州三坊七巷,通过八大博物馆和一批颇具特色的名人故居、古建筑遗产的保护和激活,延续部分故居和建筑的居住功能,降低其使用强度等,以对坊巷格局的保护,对名人故居的博物馆式打造,作为激活三坊七巷文化商业业态的美学主旨和核心吸引力;将内部空间功能格局规划为文化展示和接待区、休闲商务和文化创意区、旅游商业区和居住功能区等四大类型区域,在充分考虑三坊七巷的地域性、历史性和文化特性的基础上进行文化创意产业的业态打造;利用三坊七巷已有的传统文化活动、现有的文化遗产和文化资源,举办各种文化创意产业活动,以"活动经济"[2] 带动文化创意消费和旅游消费,创造了经济价值、社会价值和学术价值,实现了工艺产业的升级、创意产业的升级、旅游产业的升级以及服务产业的升级,努力传播和激

---

[1] 马钦忠:《福州三坊七巷历史街区的保护与"美学经济"的振兴计划》,载《中国公共艺术与景观》,学林出版社2010年第3期,第129页。
[2] 所谓"活动经济",是指人为地设计和组织各种富有创意和消费针对性的主题活动(包括商业论坛、培训教育、展览、演出、体育、节庆、观光和娱乐体验等),以此吸引消费者体验参与,从而带动规模消费,形成规模经济效益。——陈少峰:《文化产业战略与商业模式》,湖南文艺出版社2006年版,第61页。

活福州老城的生命力。此外，三坊七巷以"美学经济"作为文化创意产业业态激活的模式，其文化创意消费和旅游消费提升了周边白马北路、于2011年获颁"福州市第一批文化创意产业示范基地"的"勺园壹号"文化创意园区的人气，从而互相带动，协同发展。

第三节 闲置空间对主导性文化创意产业的选择

闲置空间保护和再生中的文化创意产业集聚，主导性文化创意产业的选择是一个关键问题，选择的成功与否会对闲置空间的再生和未来发展产生直接影响。再生后的闲置空间效用要得到最大程度的发挥，应使文化创意产业的进驻和集聚与闲置空间再生的定位相一致。通过合理的规划和分工，突出各个闲置空间的资源特色和优势，减少和避免资源的浪费，以及各区域文化创意产业的趋同化现象。

文化创意产业具有较强的持续创新能力，能够较为快速、较为有效地吸收创新成果。闲置空间中主导性文化创意产业的发展，其关联效应和扩散效应应有效带动其它相关产业，对区域经济的发展产生积极影响。为此，闲置空间中主导性文化创意产业的选择，应遵循以下原则：

首先是产业关联最强原则。产业关联是指在经济活动中，各个产业之间存在的广泛的、复杂的和密切的经济和技术联系[1]。各个产业之间连接的不同依托构成了产业间联系的实质性内容，主导性产业的各个方面变化会对相关产业部门产生直接和间接的影响，形成产业关联效应。闲置空间再生中的文化创意产业进驻，对主导性文化创意产业的选择应尽可能考虑产业关联性程度，主导性文化创意产业和其他相关产业应存在较强的产业关联，以此带动其他相关产业的发展。

其次是区域优势最显原则。闲置空间再生中文化创意产业的进驻和

---

[1] "产业关联"的概念，摘自"现代经济词典"官网，http://gongjushu.cnki.net/refbook/R200606125.html。

集聚，是基于闲置空间的资源特性优势的，因此必须考虑闲置空间所在区域的资源特性优势，使该区域的环境、人才、资金、技术等各个方面得到最大化的利用，充分发挥区域优势，尽量利用区域资源实现专业化分工。

第三是生态环境与可持续发展原则。自然和人文生态环境是闲置空间特殊的地理资源，闲置空间再生中的主导性文化创意产业选择应最大程度的兼顾自然环境和文化生态的保护和治理，实现闲置空间再生区域的自然生态和人文环境的可持续发展。

第四是经济效益最好原则。经济效益是通过劳动和商品的对外交换所获取的社会劳动节约，是以尽量少的劳动耗费获取尽量多的经营成果，或者以同等的劳动耗费获取更多的经营成果。经济效益是成本支出、资金占用和有用生产成果之间的比较；成本支出较少，资金占用较少，有用成果较多，经济效益就相对较好。[1] 经济价值是一切价值的基础，提高经济效益具有非常重要的意义，闲置空间再生中的主导性文化创意产业选择，应尽可能优先考虑经济效益较好的产业，为闲置空间保护和再生的现实需求提供经济保障。

---

[1] "全国科学技术名词审定委员会"官网，http://www.cnctst.gov.cn。

第三章 空间形态的演变

第一节 空间形态的概念与空间形态重塑

一、空间形态的概念

在哲学上,"空间"和"时间"共同构成运动着的物质存在的两种基本形式。[1]空间为物质存在提供必要的条件和场所,任何物质的存在,都需要以空间作为依托;空间具有可塑性,无论是自然因素还是人为因素都可以塑造出形象各异的空间;空间具有延展性,空间的度量具有相对性,空间中各个元素的关系对其起决定性作用。

"建筑空间是由建筑各个界面围合而成的领域,是从自然空间中分离出来的,具有相对的独立性"[2]。人们对于"建筑空间"的认识经历了一个长期的发展过程,空间在建筑发展中的概念大致经历了三个阶段:第一阶段是由建筑单体主导的空间构成,这一阶段的空间概念仅存于外部;第二阶段是到19世纪初,德国的美学家们开始使用"空间"这一术语,人们普遍认为建筑是为生活和生产提供的内部空间,这一阶段的建筑空间更趋于是一种"容器",更强调空间的围合性,与外部空间区分开来;第三阶段是在近现代,人们开始发现各种看不见的"空间",具有内外

---

[1]《辞海》编委会:《辞海》,上海辞书出版社1989年版,第4689页。
[2] 毛白滔:《建筑空间解析》,高等教育出版社2008年版,第7页。

交融的属性,建筑空间的概念逐步被完整地提出。

建筑的空间形态,可以理解为由建筑实体、构筑物、内装饰以及陈设等建筑空间中的诸多要素构成的具体物象及其体现的精神面貌共同作用的集合。建筑作为人为的产物,决定了建筑的空间形态是主观性和客观性双重属性的结合,与人类的政治、经济和科学技术的发展状况紧密联系,具有文化内涵和社会意义。根据上文中[①]对于有价值闲置空间界定的探讨可知,我国以闲置空间资源特性为导向的空间再生,其建筑空间形态的主导因素主要包括时代特征因素、人文精神和场所感因素、地域风格和风俗因素、建筑功能因素和空间造型因素等。

二、空间形态的重塑

我国闲置空间的再生和文化创意产业的进驻,是通过对闲置空间的维护、改建或扩建,空间元素的具体形态进行重新调整,努力实现闲置空间在再生过程中各种影响要素叠加作用的最优解。空间形态的演变并不一定是闲置空间再生的最终目标,但可以看作是空间重塑的自然结果。

空间形态的重塑,首先要注重历史文脉的传承和场所精神的维护。历史文脉和场所精神是空间形态的灵魂,是社会文明的烙印,是空间的自然属性和永恒特性与人类社会活动结合的体现,是自然与人文共生的结果,影响着空间形态带给人们的直观感受。历史文脉和场所精神是人们在反复活动后的记忆和情感中形成的概念,营造了闲置空间各种各样特有的环境氛围,注重历史文脉的传承和场所精神的维护,是对过去的追忆和对文化的尊重与认同。闲置空间的再生,打破了原有的认知法则,融合了当下的文化符号,其空间形态的重塑需要通过重视传承历史文脉和维护场所精神建立人们的认知共鸣。

其次要注重旧空间的美学价值挖掘。旧空间经过时间的洗礼,一般都具有特殊的美学价值,直观或间接地体现于空间中各种元素符号上,多使建筑本身具有鲜明的个性特征。闲置空间再生中,空间形态的重塑

---

① 详见本书第一章第一节。

需要挖掘旧空间的美学价值，融合原有空间的元素符号，重塑的是形态，不变的是精神。

第三是要重视对时代气息的保存和运用。各个时期的建筑具有不同的时代特征和精神风貌。时代精神由大众创造，通过各种渠道在受众中传播，为人们的思想打上时代的烙印。而社会的信息化又使人们传递思想文化和文明成果的速度越来越快，途径越来越开放。闲置空间的再生是新旧共生的产物，容纳着不同时期的时代信息，空间形态中各种充满时代气息的元素符号的保存和运用，都对空间产生作用，在保存时代氛围的同时，孕育着新的生机。

第四是要重视多种空间模式的组合。闲置空间是人们曾经生活和工作的场所，是当时生活环境和生产力的体现，原有使用功能的不彰迫使空间走向转型，空间形态重塑问题是对其进行物质改造的第一步，要调整原有的、较为单一的空间模式，通过维护、改建或者扩建的方式，转向多种空间关系并存的模式，以利于继续使用。

第二节 空间形态重塑的表现手法

一、客观写实

客观写实的表现手法，是指闲置建筑在空间重塑时尽可能少的带有个人的主观性判断，尽量尊重原有空间形式的遗存，遵循"不掩饰、不美化、不做人为雕砌"的基本原则和方法，以严格逼真、精细维护的"写实"态度和白描手法来表现闲置空间的一切。闲置空间形态重塑中客观写实的表现手法让改变后的建筑不会变"质"，"强调细节和局部的真实性和可信性，以最大的可能性还原真实场景"，并且在写实手法中适当且有限地融入一些想象和夸张元素等元素。[①]

[①] 王文捷：《旧工业建筑再生中空间形象的重塑——以无锡雪浪初轧厂厂区改造为例》，江南大学2010年硕士论文，第35页。

首先，要呈现历史的原生态，还原建筑空间的原相，强调细节和局部的真实性和可信性。客观写实是要准确地描绘客观真实，是要照实还原闲置空间的本来面目，强调旧建筑所特有的"旧"的价值证据。例如上文提及[①]，台湾著名建筑师登琨艳于1997年在上海苏州河沿岸选取租用了建于1933年的、杜月笙家 Art Deco（艺术装饰）中期风格的砖木结构老粮库，作为他的建筑设计事务所。登琨艳正是在尊重原建筑及周边生态环境，力求还原建筑空间原相的改造原则下，对老仓库力求不着痕迹的用心改善，才获得了各界的认可，并最终获颁"联合国教科文组织文化遗产保护奖"，也因此产生了积极影响。又如上海田子坊中，画家陈逸飞生前的工作室，也保留了建筑本身古朴凝重的特征，休息室内的壁炉还照常生火；而摄影家尔冬强的"汉源文化"中心房顶原有的两台吊车也还能照常启动，保留着后工业革命时留下的痕迹。

有的闲置空间建筑肌体上保留着曾经被破坏过的印记，有的甚至镌刻着特殊的时代标语，这些痕迹随着时间的发展变成了闲置空间留存的特殊标志，是具体的物象，而闲置空间的客观真实感则成为一种意象，影响着人们的认知，"'意'通过'象'得以表达"[②]并被人们所感知，在人们心中建立起对闲置空间的客观印象。

图 3-1　大烟囱成为 798 艺术区的地标性建筑
图片来源：798 官网，http://www.798art.org/

---

① 详见本书第二章第一节"当地政策与制度资源"部分。
② 王文捷：《旧工业建筑再生中空间形象的重塑——以无锡雪浪初轧厂厂区改造为例》，江南大学 2010 年硕士论文，第 40 页。

其次，在客观写实手法中也可以适当融入一些夸张和想象元素，元素的使用也是为了强调闲置空间原相的真实性。例如北京798艺术区有一座高达50米的大烟囱，是厂区原有的保留元素之一，改建时大烟囱被做了简单地涂装，增添了一些构筑物，并进行了一些艺术处理，这强化了大烟囱本身的地位，使其最终成为798艺术区的标志性构筑物。如今，大烟囱已经被人们视为798艺术区的地标性建筑，经常吸引游人留影，展现着它的存在价值。①

二、主观写意

在艺术创作中，写实和写意是不同的艺术手法，处在两个相对的美学范畴。写实手法源于西方的艺术创作思想，而写意则是中国艺术创作的基调，主要表现为在艺术创作中求神似而不求形似，不拘泥于通过事物固有的形态来体现事物内涵的精神状态。②

在空间重塑中，具象的闲置建筑给人以直观和真实的感受，而抽象的元素又带给信息接受者想象的空间，具象和抽象的虚实搭配使空间主题和空间形象更加生动。闲置建筑的空间形态重塑中主观写意的手法多用在建筑的加建部分和陈设设计部分，对原有建筑符号的特点进行吸纳，③在改建或重建的过程中加以应用，是对闲置空间原有精神的再造和延伸，强调历史传承中文脉的连续性和场所精神。

成都宽窄巷子里有一段东西朝向的墙体，是以砖垒砌出台、城、墙、壁、道、碑、门、巷的历史文化片段。以羊子山土坯砖、秦砖、汉砖、唐砖、宋砖、明砖、清砖、火砖、七孔砖、民国砖、水泥砖、瓷砖等，呈现千年古成都、百年老宽窄巷的面貌。整段砖墙分为三个篇章：分别从宝墩遗城、金沙竹泥、羊子土坯、秦筑城廓、汉砖遗风、唐建罗城、宋砖古

---

① 王文捷：《旧工业建筑再生中空间形象的重塑——以无锡雪浪初轧厂厂区改造为例》，江南大学2010年硕士论文，第27页。
② 同上，第30页。
③ 同上。

道、明末毁城等几大内容讲述'历史的背影';从满城残阳、保路砖碑、法楼窗棂、皇城残影、万岁展馆等几大内容讲述'历史的直面';从宽窄回眸、夹道洗刷、公馆封门、街沿斗鸟、杂院堆藏、天井搓牌、砖门喝茶、土墙鸡啄、砖混篾笆、半巷刨饭、窄巷水凼凼、宽巷暖烘烘等几大内容讲述'历史的表情'。历代古砖、近代老砖和现代新旧砖相结合,其中的残断、印痕、斑迹,以独特的装置、垒砌、陈列与历代地图、图像、图景嵌合并置,以此记录成都的历史文化。①

宽窄巷子的这段砖墙长约400米,是用垒砌和展示历代砖和砖的砌法为一体的二维半片墙建筑,嵌入于宽窄巷子中,在设计上秉承了"修旧如旧、修旧如故""不求当时原物长存"的理念,挪动、保存、利用、养护传统土木民居建筑,展示了百年来的变迁、变革和变化过程。② 宽窄巷子空间形态重塑中,这段砖墙的创作是成都兴废交替的建筑史的展示,是老城历史的承载,成为国内唯一的墙体"砖"历史文化博物馆。

三、夸张变形

夸张变形的表现手法,是以客观现实为基础,通过对丰富想象力的运用,有目的的缩小或者放大事物的形象特征,以增强表达效果的创作手法,也叫夸饰或者铺张。③ 夸张的作用在于运用"言过其实"的方法突出事物的本质,强调创作者的某方面感情,烘托气氛,引发信息接受者的联想。恰当的夸张变形手法,可以引发受众产生丰富的想象和强烈的共鸣。

从闲置空间的形态重塑来看,可以分为两个方面。一方面是对建筑本身的扩展,打破原有建筑外观上的中规中矩,通过改造外形和使用新型材料来加强可控性对比,使建筑本身的空间体量得以丰富;另一方面

---

① 马钦忠:《公共艺术与历史街区的振兴》,学林出版社2010年版,第50页。
② 同上。
③ 王文捷:《旧工业建筑再生中空间形象的重塑——以无锡雪浪初轧厂厂区改造为例》,江南大学2010年硕士论文,第28页。

是通过合理使用现代的灯光技术或者现代主义雕塑等点缀性元素，从各个角度烘托空间的气氛，增强人们对再生空间的新奇感。[1]

图 3-2 8号桥二号楼格子状的青砖立面和七号楼的金属丝网外立面

第一张图片来源：作者（陈燕）调研期间自行拍摄．第二张图片来源：http://shswl.cn/uploads/userup/0806/04130313F24.jpg．第三张图片来源：http://shswl.cn/uploads/userup/0806/04130450FQ.jpg

位于上海卢湾区的8号桥，在其改造再生中，对原建筑的外型和功能都做了很大的调整，在预留了大量公共空间的同时，在一号楼的立面使用了许多青砖，展现了厚重的传统感；将二号楼的表面设计为格子状，镶嵌了大小不一的玻璃窗，暗示着精彩多元的生活方式；七号楼则用金属丝网来传递轻快活泼的现代感。在保留原有厚重砖墙、林立管道和斑驳地面的同时，8号桥对大量玻璃门窗、青砖、金属丝网、木质走廊等装饰元素的大胆应用，使所有建筑都呈现出一种别致的、全新的面貌，将凝聚着特有历史底蕴和文化内涵的老厂房变成了激发创意灵感、吸引创意人才、集聚创意产业的时尚载体，变成了现代城市景观的时尚聚集地[2]。

四、象征手法

象征手法是通过具体的形态将人们思想中一些抽象的、潜在的和固有的观念表达出来，多结合带有象征意义的符号进行使用。象征的本体意义

---

[1] 王文捷：《旧工业建筑再生中空间形象的重塑——以无锡雪浪初轧厂厂区改造为例》，江南大学2010年硕士论文，第28页。
[2] 详见本书第二章第二节"经济和政策支持的直接效果"部分。

和象征意义之间本没有必然的联系,但设计者通过突出描绘本体事物的特征,能够使信息接受者产生由此及彼的联想,从而领悟设计者的用意。[①]此外,还可以根据传统习惯和社会风俗,选取大家熟悉的象征物作为本体来表达特定的意义。例如黄色象征着权力、红色象征着喜庆、白色象征着哀悼。在闲置空间中往往留有一些历史遗存,从社会层面而言这些遗存也许意义不大,但对于建筑单体来讲却具有唯一性的价值,表现了该建筑的独特性。闲置空间形态重塑中对于象征手法的运用,能够使闲置空间中抽象的物象较为具体化和形象化,使复杂深刻的设计思想较为浅显化和单一化,还可以使空间的意蕴得以延伸,引发人们的想象力,创造艺术意境,增强艺术效果和艺术表现力。

如今位于上海卢湾区的 8 号桥,聚集了来自各个国家的艺术家和设计师,是一座上海与世界在文化创意和时尚设计方面沟通的桥梁。"8 号桥"名字由来于它所坐落的建国中路 8 号,以及粤语中的"8""发"谐音,取意吉祥;同时,当时在老厂房的空间形态重塑方面,8 号桥的每一座建筑物都用显性或者隐性的天桥相连,在实际使用上方便了各座建筑中进驻机构和企业之间的交往走动,促进了不同领域的艺术工作者和各类时尚元素相互碰撞,激发创意和灵感;在内涵上则象征着文化创意的"沟通之桥"。老房和新桥,连接着过去和现在,连接着历史记忆和现代理念,连接着世界各地不同背景、不同风格的文化。8 号桥对原有空间形态的重塑和原有建筑功能的重组,是对城市历史文化资源的挖掘和运用,营造了特殊的文化创意价值。

空间形态是空间内外各种因素的综合展现,传递着闲置空间的各种信息。影响空间形态的因素很多,在空间形态重塑的实际操作中,这些因素往往糅合在一起,通过客观写实、主观写意、夸张变形和象征等表现手法的合理运用,共同对空间形态重塑产生作用。此外,因为闲置空

---

① 王文捷:《旧工业建筑再生中空间形象的重塑——以无锡雪浪初轧厂厂区改造为例》,江南大学 2010 年硕士论文,第 30 页。

间的存在时间往往跨越了不同的历史时期，建筑本身留下了各个时代的印记，我们在努力使再生后的建筑空间兼具当下物质和精神双重需求的同时，还应重视建筑本身的时代特征和场所感价值。闲置空间形态重塑的表现手法运用，不仅要与原有建筑自身的特性相适应，还应该重视对原有建筑精神的尊重、阐述和展示。

第三节　物质形式的贬值与精神内容的升值：空间形态的演变

上文[①]已对本书闲置空间的研究范围作出了明确的界定：这些原有阶段性功能已经消失，而目前使用功能不彰，可以有更积极的使用方式或者潜力的闲置空间，既包括拥有历史性人文特征、完整文化风貌或优秀文物古迹的建筑遗产；也包括具有特殊资源特性和场所感的旧厂房、旧仓库、旧码头等建筑空间。二者都是特定历史时期、人类特定生活经历和生产方式的物质表现，都因各自所具有的资源特性而具备再生的潜力和价值；二者在再生中对空间形态的重塑，都是通过融合当代技术和观念，以满足改造转型后建筑使用的需要。在精神经济时代背景下，在闲置空间再生的空间形态演变过程中，二者分别以准精神产品和物质产品的角色，使人类财富中物质形式和精神内容的价值比例发生了变化。

一方面，闲置空间中作为拥有历史性人文特征、完整文化风貌或优秀文物古迹的建筑遗产的这一部分，其建筑实体自身普遍具有纪念性意义，是历史信息和历史事件的载体，具有记录和纪念的性能，代表着人类文明进程中具有历史纪念意义的建成环境，发生于其中的文化现象是时代的见证。黑格尔的历史二元性曾提出：历史既是关于过去，又是对于过去的理解。建筑遗产就是通过自身折射出"历史意义"，而如今的闲置空间改造，正是现代人对历史意义的理解，和对旧建筑再利用的思

---

① 详见本书第一章第一节"闲置空间与再生理论"部分。

维转变。建筑遗产的重要之处还在于其能够较为完整地保留建筑文化的历史片段,并以此增强人们对历史文化的解读。所以,建筑遗产的保护和再生需要保持其自身特征,保留其历史文脉价值、美学价值和场所精神,重现建筑遗产各个方面的"真实性""完整性"和"可读性"。这不仅仅是演绎历史,而是对人类历史和文明的理解和重塑。

可见,闲置空间中作为拥有历史性人文特征、完整文化风貌或优秀文物古迹的建筑遗产部分,属于准精神产品的范畴,更多的注重历史的原真性保护和历史文本的唯一性保留。在精神经济时代背景下,这部分准精神产品(即位于图 3-3 的 C、D 区域中)在空间形态演变的过程中,其自身物质载体的相对贬值和精神内容的升值使人类财富的价值比例发生了变化,促使整个社会准精神产品中的物质形式部分所占比例下降,而精神内容部分所占比例上升,引起了精神经济学社会产品分类图中 OE 的下滑(详见图 3-3:OE 下滑至 O_1E_1)

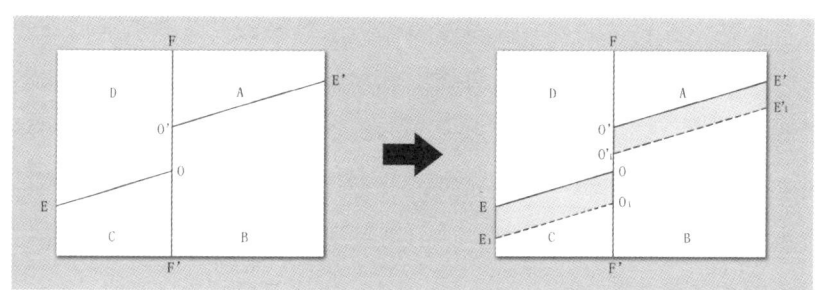

图 3-3　物质形式的贬值与精神内容的升值

另一方面,闲置空间中作为具有特殊资源特性和场所感的旧厂房、旧仓库、旧码头等建筑空间这一部分,以其地理环境、建筑的时代特色或者功能特征、以及当地政策与制度等各个方面的资源特性获得保护并实现再生。从建筑的使用目的来考虑,一般是以闲置空间自身的建筑特色为基础实现空间形态的重塑;从建筑的用途来考虑,再生后的建筑空间一般都具有综合的空间特性,空间功能的调整具有较大的灵活性。而对于建筑元素的利用和建筑的形式方面,往往融入现代的元素,强化空间形态重塑的亮点,一般具有较强烈的视觉冲击力。在闲置空间中,相较于建筑遗产部分，作为具有特殊资源特性和场所感的旧厂房、旧仓库、旧码头等建筑空间的历史文化价值相对比较贫乏，当下观念中的保护意义相对比较薄弱，作为"既存"价值的成分较小，在确保充分利用其已有价值的基础上，还应努力赋予其更多的"增值"成分。

可见，闲置空间中作为具有特殊资源特性和场所感的旧厂房、旧仓库、旧码头等建筑空间部分，属于物质产品（即位于图3-3的A、B区域中）的范畴，更加注重空间形态演变后新空间的创意性再利用等方面。在精神经济时代背景下，这部分闲置空间作为物质产品，在空间形态演变的过程中，同样影响了人类财富的价值比例，产生了自身物质载体的相对贬值和精神内容的升值，促使整个社会物质产品中的物质形式部分所占比例下降，而精神内容部分所占比例上升，引起了精神经济学社会产品分类图中O'E'的下滑（详见图3-3：O'E'下滑至$O_1'E_1'$）。

第四节　空间形态演变的现状分析

一、在权衡与妥协中兼顾历史空间的保留和文化创意氛围的形成

闲置空间再生的空间形态演变，是在尊重建筑历史的前提下对建筑本体的重塑，是建筑实体本身的"牺牲"和"进化"过程，是历史的形象化体现，客观上保护了历史的存在。"旧"的元素使历史文本与特征得到大量保留，也使建筑内部空间的生活和生产元素，建筑风格和结构样式，以及区域的空间布局等得以保留，有形的建筑遗存与无形的岁月感是历史的再现，是对历史空间的保存。闲置空间再生中的文化创意产业进驻和集聚，是以不破坏历史、不做多余加法和减法为前提的新功能植入，是在长期而复杂的过程中，在权衡与妥协中兼顾历史空间的保存和文化创意氛围的形成，是使各种文化创意的特征元素在其中不断产生和发展、积累和淘汰，最终形成经得起时代考验的文化积淀和创意成果。[①]

---

① 陈燕：《当历史遇上创意——当下我国依历史街区相生的文创产业集聚区之行进过程初析》，载《东南学术》2012年第2期，第112页。

（一）这是求得瓦全的方式之一

我国有许多具有深厚历史文化积淀的闲置空间，在传统文化与创意产业的结合方面具备独有的资源特性。例如位于上海市中心的田子坊、成都市中心的宽窄巷子和位于福州市中心的三坊七巷等，它们自古以来就是传统文化和民间艺术长期居于其中的历史街区，或者传统手工艺制造业的集散地等，并且长期保留了各种传统节庆活动，吸引了当下各种传统艺术节、文化节和拍卖、会展活动等前往集聚和举办，还有机结合了时尚创意产品的展示和交易，带来了足够的人气，打造着文化创意产业的业态，促成了文化创意产业的进驻和集聚。

参与宽窄巷子景观艺术工作的公共艺术家朱成说过："最早的理想是想用一个玻璃盒子把宽窄巷子的过去现在保存起来，像个琥珀一样，做个标本，全部凝固起来。清华大学的设计师们都说这太理想主义了，不可能，他们要商业利用。几万平方米的历史街区，连里面的生活形态都封存起来，这才是城市的一个活标本。"[①] 带着这样的情绪，朱成还是竭尽心力地参与了宽窄巷子景观艺术的工作过程。宁为瓦全，玉碎已经不能修了，瓦破却要把它修补得很好，尽可能让它完整，在难以求全的妥协中努力弥补和完善。

日渐衰败和遭受忽略的闲置空间，终有一日要与商业化进程和城市化进程相遇，传统元素与现代元素的冲突、碰撞和融合，时常是权宜之计、瓦全之计。闲置空间中的文化创意产业集聚，是创意产业与传统建筑、民风民俗、传统节庆活动以及市民文化生活的共生。面对传统居住生活方式与创意产业经营的冲突、传统民俗活动与创意产业活动的冲突、传统地域文化特色与创意产业国际文化元素的冲突，有效的文化创意产业集聚，在为其带来经济效益的同时，将对其保留和传承产生积极作用。而当下我国闲置空间再生中的文化创意产业集聚，在商业追求和政策受

---

① 朱成：《关于城市建筑与历史文化街区改造》，载《中国公共艺术与景观》，学林出版社2010年第3期，第50页。

限等各个方面的问题中艰难探索,挫折重重。成都宽窄巷子具有以市民生活片区为背景的街区环境,其当下所采取的原真性保护方式,已经不可避免地带来了很多问题。

(二)对当下频繁采取的原真性保护方式的疑虑

宽窄巷子是成都市三大历史保护区中唯一的一处以居住建筑为主的市民生活片区,也因此遗留了川西民居、北方胡同建筑以及西洋式建筑等多种民居风格和形式。宽窄巷子的改造定位,本是在历史街区的建筑原真性保护前提下,打造文化创意产品展示与交易的集市,形成集聚效应。上文提及的福州三坊七巷,同样也是采取了原真性保护的方式。

以宽窄巷子为例,所谓原真性保护主要指:在完整保留宽巷子、窄巷子和井巷子3条传统街巷;最大限度地保护传统院落,整治和恢复已经遭受破坏的院落,尽量使整个街区保持清末民初时期的院落形态;以及尽量对院落中的所有建筑细节进行原地原物保存①。这不禁令人疑虑:宽窄巷子作为典型的市民生活片区式的历史街区,仅仅是所谓的原真性保护,如何真正延续区域的历史人文性,照顾其文化生态?宽窄巷子所特有的、市民气息的传统文化生活积淀,其真正载体绝不仅仅是那些抽取了真实历史精髓的建筑外壳,而更多的是在这样的硬件环境熏陶下成长起来的一辈人。当历史空间失去了传统的生活方式和习俗,也就失去了"生活的真实性",这些历史空间在"原真性保护"的声浪中会不会失去原有的历史韵味?

首先是空间形态与人文交流将难以继续维持。原有宽窄巷子的空间形态是门对门的布置方式,这种方式使街巷在作为交通空间的同时,还起到了引导交流的作用。而如今的宽窄巷子过分侧重于街区的原真性保护,将绝大部分住户迁出,住宅转变为创意产品展示和交易的空间,街巷中原有的人文交流韵味基本散失殆尽。而过分侧重于原真性保护的方式,又在削弱邻里关系的同时,强化了商业竞争关系。

---

① 刘伯英、黄靖:《成都宽窄巷子历史文化保护区的保护策略》,载《建筑学报》2010年第2期,第46页。

其次是文化底蕴难以得到实际的保留，充其量只是一定程度的模仿。如今修葺一新的宽窄巷子，试图在风格、材质、色彩等方面体现"历史风貌"，但是比例过高的新肌体则显然严重削弱了宽窄巷子的历史感和真实感。任何改变原有空间整体文化生态环境的地方，都无法真正留存该地区活性的、动态的文化底蕴。其实际上是对文化风貌的"创造性毁灭"①，并且历史遗存、传统文化和民间艺术越是深厚的区域，承受的"毁灭"和痛苦也将越大。更进一步说，在与现代文化创意产业模式结合的前提下，闲置空间在其空间形态演变过程中，其传统文化是否会逐渐产生异变，成为一种新的文化，从而远离了它的本质？"我看这个城市的老建筑越来越少，这个世界是一个动词世界，摧枯拉朽，枯之不存只剩催，朽之不存，只剩拉。"②

二、在尽量恰当的方式中转变传统观念和构建文化认同

我国的闲置空间中具有历史性人文特征、完整文化风貌或优秀文物古迹的建筑遗产部分，因为其自身特有的价值已经能够承担新的功能，能够获得公众的认同，在改造和再生过程中能够较为轻易地被大家接受。而那些旧厂房、旧仓库、旧码头等闲置空间，许多原是用于资源消耗大、污染严重、机械化程度低、不含信息化操作的传统生产工作空间或者如今已经无法适应现实环境需求的落后生活空间，遭受人们的遗弃。这些原本只承担生产功能和落后生活条件的建筑空间能否通过重塑空间形态，担负起文化创意类场所的功能，这需要对闲置空间的自身条件进行科学合理的论证分析，寻求恰当的方式转化功能，转变传统观念和构建文化认同，满足当前社会生活的需要。③

---

① [英] 大卫·哈维 (Harvey David)：《巴黎城记：现代性之都》，广西师范大学出版社2010年版。
② 朱成：《关于城市建筑与历史文化街区改造》，载《中国公共艺术与景观》，学林出版社2010年第3期，第66页。
③ 陈燕：《当历史遇上创意——当下我国依历史街区相生的文创产业集聚区之行进过程初析》，载《东南学术》2012年第2期，第117页。

文化认同是一种个体被群体文化影响的群体性认同，许多闲置建筑作为过去传统生产工作和落后生活条件的空间，充满过去生产和生活的记忆，参与了社会文明进步的过程，是时代的见证。以恰当的方式对其进行改造，转化建筑形象，重塑空间形态，能够凸显闲置空间的场所感和美学价值，唤起人们对"旧"价值的文化认同，和坚持可持续发展精神的社会意识。

（一）文化交流和创意集聚的办公新概念

在全球化背景下，文化创意产业的进驻是闲置空间延续发展脉络、寻求有机更新、提升空间功能和竞争力、实现空间再造的新方式。闲置空间的再生不是单纯的商业地产开发项目，要求商业模式和设计结合到位，空间形象的重塑需要进一步突出主题，强调对主题的完善。闲置空间的改造需要坚持可持续发展的精神，以恰当的方式转变传统观念和构建文化认同。上海8号桥就是一个典型的案例，以文化交流和创意集聚的办公新概念，将原先衰败废弃的空间进行整合改造，有效实现了建筑的"增值"。

近年来，上海8号桥以合适的产业定位、用心的老房改造和周边环境改善、以及适宜的租户组合，得到了各方的肯定，成为引领上海办公新概念的文化创意产业园区。

首先，从商业运营的角度来看，8号桥的创意园区定位，包括设计类、公关咨询类和市场策划类等创意型企业，甚至世界500强企业的研发和推广部门等，也均为其潜在目标租户群。这就避免了许多创意园区过于单一，结果导致目标企业招标不足，而潜在企业又遭错过的问题。

这样的定位基础影响着8号桥的建设，为了将8号桥建成一个多功能的时尚创作中心，成为国内外文化创意产业交流和推广的平台，1期的改建工程就调整了原有建筑的功能，设置了许多室内、半室内和外部的公共空间，提供了丰富多元的新媒体系统、齐全的视讯设备和周到精致的餐饮服务，不定期举办各种创意作品展示、创意研究性论坛、时尚派对、时装走秀等文化艺术活动和大型综合活动；8号桥Ⅰ期建筑群的各座楼二层之间以4座天桥连接，入驻的企业之间可以随意的相互走动和交往；区域保留了旧厂房原有的厚重砖墙、林立的管道和斑驳的地面，使整个区域在流露着现代文化气息的同时，保留了工业文明时代的沧桑韵味，建筑风格内外一致并且各具特色，建筑空间艺术化并且兼具实用性。

其次，时尚生活中心集团有限公司在打造位于局门路的8号桥Ⅱ期和Ⅲ期时，除了老厂房的内部结构加固、外立面改造和园区绿化生态环境布置之外，还尤其重视园区周边环境的改善。其与政府合作，将该区域的电线杆全部入地，将道路两边的房屋外墙改为统一的法式风情红砖瓦墙，还配合8号桥Ⅱ期和Ⅲ期的气质，改进了路灯和行道树的风格。在与政府的良性互动中，8号桥Ⅱ期和Ⅲ期完成了为其他许多园区所忽视的、对周边环境的用心改善。致使2005年至2011年期间，8号桥的三个园区，共集聚了130多家企业，3000多个就业岗位，税收增长则达到了10倍以上。

第三是8号桥以租户的影响力决定租金的高低，严选合宜的租户组合。同样的位置与面积，企业的影响力和品牌越大，创意资源越丰富，对未来商业的经营方案越倾向于研发、展示和发布，越是有更多开放性活动可在园区内举办，招租的条件也就相应的越低。这样的招租模式，一方面吸引了具有较大影响力租户的共同进驻，有利于创意产业在园区内号召力的形成，另一方面也会吸引更多具有潜力的创意企业进驻，共同打造8号桥品牌。8号桥Ⅰ期从2004年底开幕后，到2005年就已经满租，吸引了国内外的各种知名室内设计、建筑设计、服装设计、画廊、广告、媒体、影视制作、软件和公关等公司。而8号桥Ⅱ期和Ⅲ期，相较于Ⅰ期特别增加了动漫设计行业的租户，现入驻的企业包括由原暴雪公司魔兽世界创作团队创办的RED5，中国游戏软件开发行业的先行者WINKING动漫公司和全球著名的建筑师事务所AEDAS等。[①]

我国闲置空间的再生，普遍遵循着产业的发展模式，从最初对闲置

---

① 详见上文第二章第二节"经济和政策支持的直接效果"部分。

空间资源特性的分析判断和发展定位，到结合时代需求的空间形态重塑和产业发展模式的引入，是一套完整的发展思路。我国闲置空间再生的打造者主要有政府和开发商两大类，政府的首要目的在于创造社会效益，满足人们物质生活和精神文化生活的需要，因此比较重视文化艺术场馆等没有直接资金回报的项目的建设；而开发商的最大价值普遍在于经济效益，相对比较重视能够带来直接经济效益的文化创意产业项目打造。上海8号桥文化交流和创意集聚的办公新概念打造，就是在政府和开发商二者的互相协调和互相制约中完成的。

（二）把握时机，以错位的搭配颠覆传统理念

从破旧废弃的旧厂房到如今汇聚大量创意工作室的文化创意产业园区，8号桥的产生、发展和成功运营，首先取决于其对恰当时机的把握。2002—2003年期间，正是上海创意产业逐步兴起的阶段，8号桥在最合适的时候，为上海这个国际大都市的文化创意产业发展提供了独特的商务空间，迎合了市场的需求。其次是8号桥以现代化理念改造工业建筑遗产的闲置空间，在最大程度保留所有厂房轮廓的基础上改造建筑的外立面和内部功能，以简约实用和时尚前卫为原则，实现旧厂房与新观念的错位搭配，是对传统理念的颠覆——在看似明确的环境里，进行着毫不相关的劳作，文化创意产业总是这样充满无限的可能性与颠覆性。

上海8号桥文化创意产业园区，其最大的意义事实上并不仅仅在于建筑本身，而在于它使人们对建筑空间产生了不同于往日的感受，传递着人们对建筑空间不同的需求和意义，并同时带动了上海文化创意产业的时尚潮流。在历经了半个多世纪之后，上海作为国际大都市，其"工业化时代"已经逐渐淡出，成为历史，随着文化创意产业在全球的兴起，8号桥虽不是惊世骇俗的建筑奇迹，但毫无疑问是上海闲置空间再生中，空间形态重塑和空间功能演变的一个典型案例。

三、在政府和居民的配合中实现空间形态的重塑和功能转化

位于上海市中心的田子坊，正是在政府支持和当地居民的自主建设中实现街区空间形态重塑和功能转化的最佳案例之一。在新的历史背景下要维持街区的原有空间形态是比较困难的，但是可以通过利用闲置空间的资源特性，转换空间的形态与功能，使其适应新的环境。而田子坊空间功能的转型正验证了这个命题。田子坊的地理位置和内在结构决定了它继续维持工业产业功能是无法适应现实情况的，为了避免原有的空间形态遭到毁灭性的破坏，必须进行空间形态的重塑和空间功能的转化，而当地的政府和居民正是合理利用了田子坊旧居屋、旧厂房和旧仓库的特有空间形态和位于上海市中心特殊地理位置，发展文化创意产业，使其得以成功转型。

田子坊所在的泰康路，是上海历史风貌街区中历史文化遗产的保存类型最丰富的社区之一，既有老厂房，又保留了很多石库门民居。在建筑风格方面，既有中国传统木结构建筑风格、新艺术运动装饰风格，又有英国新文艺复兴风格、英国城堡建筑风格、西班牙风格、巴洛克风格等；在建筑类型方面，既有花园洋房建筑、江南乡村民居和现代主义风格的住宅建筑，又有上海老石库门里弄建筑、上海新式里弄和具有西式特征的新里弄建筑，还有20世纪20年代建造的居住形式的里弄工厂和20世纪70年代前后建造的工业厂房建筑等，记录了上海开埠以来社会的经济发展历程。①

田子坊的发展始于民间的自发力量，卢湾区人民政府牵头建立了艺术管理委员会，当地的居民又自主成立了业委会，共同开发"泰康路上海艺术街"，通过自主招商和市场监管的方式，依靠民间资本和境外投资，以自给自足的产业模式促成了田子坊空间功能的转型和文化创意产业的进驻。在更新开发的压力下，当地居民、入驻的艺术家和艺术机构一度

---

① 管娟：《上海中心城区城市更新运行机制》，同济大学2008年硕士论文，第58页。

坚决反对拆除这块地方，民间的力量最终获得了政府的支持，《上海市泰康路历史风貌保护与利用规划方案》的最终出台使田子坊的历史风貌得以保留。在城市的更新改造过程中，田子坊是一大创举，调动了当地居民和企业参与闲置空间的更新和改造，避免了现阶段政府在经济力量不足的情况下依靠开发商进行区域更新所导致的大拆大建、破坏城市历史文脉的不良后果。此外，文化创意产业的进驻又为当地居民带来了租金，提高了收入，改善了生活条件。

迄今为止，田子坊是全国第一家自筹经费、不靠政府投资建设的创意产业园区；是上海市第一个利用旧厂房发展文化创意产业的街区；是上海第一个中外创意人士混合进驻的创意园区；是上海历史建筑保护和城市开发建设结合的第一个示范区域；具有全国第一个创意企业自发成立的知识产权保护联盟[1]。政府搭台，居民唱戏。田子坊以小规模、多元化、渐进式更新的方式实现了空间形态的重塑和空间功能的转变，创造了文化氛围，使土地价值得以提升，使历史文脉得以延续，并走出了一条政府引导、居民自主、自下而上的运作机制道路。田子坊人气旺盛、集聚能力强、产业形态较为完整，获得了比较普遍的认可。但这种民间自发、政府支持和居民自主性开发建设方式也带来了很多的隐患：例如闲置空间的土地功能转化缺乏充分的法律依据、建筑空间改建的消防和结构产生较多隐患、产权关系不清导致了多重转租的现象、当地居民之间因为商业利益经常出现矛盾冲突等。当地居民对闲置空间的自主开发，在社会的急剧变革、资源的深度挖掘和利益的再分配中，面临着制度和社会规范的建设问题。

---

[1] 管娟：《上海中心城区城市更新运行机制》，同济大学2008年硕士论文，第58页。

四、在"空间的生产"[①]中形成产业链和创造新价值

中国存在着许多像上海苏州河沿岸和黄浦江沿岸那样保留着重要的场所感和历史记忆,具有时代特征的旧厂房、旧码头和旧仓库群,随着工业污染和城市重心的转移,这些旧工业建筑原有的空间功能逐渐衰退,而新的功能尚未出现,它们原有的价值在逐渐褪去,甚至慢慢成为城市环境建设的负担。

众所周知,中国的现代化经历了在国家基础建设还未全面实现真正意义上的工业现代化时,就已经向信息社会转变的尴尬过程。金融、保险、物流、教育等新产业的空间扩张需求,与旧工业空间形成强烈的对比和冲突,"空间的生产"逐步取代了原先"空间中的生产"。生产力的发展和知识

对生产过程的充分介入,使原本仅仅作为生产资料的场所,逐步转变为自身能够产生价值的空间。2006 年,从杨浦水厂到杨树浦路 2200 号,这黄浦江北岸的 15 公里被正式作为文化创意产业基地,完整地保留了下来。苏州河 M50 等文化创意产业集聚区,以及杨浦区文化创意产业基地,其自身作为旧工业建筑的闲置空间,已经或者正在成为新时代、新产业利润的来源。"空间中的生产"其实并没有消失,它们只是被引上了不同的方向。

闲置空间再生中的文化创意产业集聚,并不是要从如今后工业时代的角度去缅怀曾经的生活和生产空间,而是重新审视过去,尽可能用自然的、体现人性的方式,不动声色地融入旧有的空间。在闲置空间再生

[①] 法国地理学家亨利·列斐伏尔(Henry Lefebvre):《空间的生产》,他认为空间不仅是社会关系演变的、静止的"容器"或者"平台",相反,当代众多社会空间往往矛盾性地彼此重叠、相互渗透。人类从根本上来说是空间性的存在者,总是忙于进行场所和空间、区域和疆域、居所和环境的生产。在这一空间性的生产过程中,人类主体总是包含在与环境的复杂关系中,人类自身就是一种独特的空间性单元。——转引自登琨艳:《空间的革命:一把从苏州河烧到黄浦江的烈火》,华东师范大学出版社 2006 年版,第 70 页。

的发展建设中推动文化创意产业链的完善，在空间形态的演变中创造着新的价值。

如今整个中国的城市和乡镇，都正在进入一个以更新、再开发为主的发展阶段，有大量旧生活空间和旧生产建筑面临转型或者拆迁，更新与再开发的大环境促使越来越多的人意识到资源的有限。实现闲置空间的再利用，选择适合的闲置空间发展文化创意产业，将原有的居民和工人，替换成文化创意工作者，培养和造就更多的原创和设计人才，诞生更具竞争力的创意品牌，逐步形成产业链，创造新价值，这是产业结构调整与升级的实现途径，更是对原创与艺术产业乌托邦的创意打造。

第四章 产业结构的优化

第一节 产业结构优化理论

一、产业结构优化的涵义与内容

产业结构优化,是指推动产业结构的合理化与高度化发展的过程。合理化主要是根据产业关联技术经济的客观比例关系,对已经不协调的产业结构进行调整,促进各个产业之间的协调发展;高度化则主要是在遵循产业结构演变规律的基础上,通过创新,加速产业结构的高度化发展。[1]

我国闲置空间再生中的文化创意产业集聚,需要通过对影响产业结构变化的供给结构和需求结构进行调整,达到资源的优化配置和再配置,从而推动产业结构的合理化和高度化发展,实现产业结构的优化过程。供给结构是在一定的价格条件下,自然资源和劳动力、资本和技术等生产要素的供给比例,以及以这种供给关系为纽带的产业关联关系。产业结构优化需要对劳动力的供给结构、资本结构、投资结构,技术的供给结构,以及自然条件、资源禀赋和资源供应结构等供给结构进行结构性调整。需求结构是指在一定的收入水平条件下个人或家庭、企业、政府

---

[1] 苏东水主编:《产业经济学》,高等教育出版社 2000 年版,第 280 页。

所能承担的对各产业产品或服务的需求比例，以及以这种需求为纽带的产业关联关系。它既包括个人、家庭、企业、政府的需求结构，及各种需求的分配比例；也包括中间产品需求结构和最终产品需求结构，以及二者的比例；还包括作为需求因素的投资结构和消费结构以及二者的比例等。产业结构的优化也需要对这些因素进行结构性调整。[1]

二、产业结构的高度化与合理化

产业结构的高度化是一个动态的过程，主要是指产业结构从低水平状态向高水平状态的发展。闲置空间再生中的文化创意产业集聚，其在产业结构演变过程中，主要体现出以下几个高度化特征：一是产业结构的发展顺着第一、二、三产业优势地位顺向递进的方向演进；二是顺着劳动密集型产业、资本密集型产业、技术（知识）密集型产业分别占优势地位顺向递进的方向演进；三是顺着低附加值产业向高附加值产业方向演进；四是顺着低加工度产业占优势地位向高加工度产业占优势地位方向演进。文化创意产业的最突出特点之一就是创新性，而创新是产业结构高度化的最大动力，创新活动和创新能力是产业结构有序发展的核心动因。

产业结构的合理化也是一个动态过程，主要是指产业间协调能力的加强和关联水平的提高。产业结构的合理化就是要促进产业结构的动态均衡和产业素质的提高，要根据资源条件和消费需求，在一定的经济发展阶段中，理顺结构，调整不理想产业结构的有关变量，实现资源在产业中的合理配置和有效利用。衡量产业结构是否合理的关键在于判断产业之间是否具有因其内在的相互作用而产生不同于各产业能力之和的整体能力。产业之间相互的作用关系越协调，结构的整体能力就会越高，则与之相应的产业结构也就会越合理。[2]

---

[1] 陈燕：《闲置空间再生中的产业结构优化样态分析》，载《福建省艺术研究院2012年学术年会论文集》2013年版，第71页。
[2] 同上。

闲置空间再生中的文化创意产业集聚，其产业结构的合理化是创意经济协调并持续增长的客观要求。在一定的经济条件下，实现产业结构的合理化，是经济协调、持续增长的保证。经济的协调与持续增长，取决于区域中资源的不断投入和有效配置，而产业结构是否合理，在很大程度上对资源配置的效果具有决定性作用。

三、产业结构的关联效应与扩散效应

产业结构效应是指产业结构变化的作用对经济增长所产生的效果，即对经济增长发挥的特殊作用。[1]闲置空间再生中文化创意产业的进驻和集聚，其引起的产业结构优化有利于发挥产业结构效应，推动创意经济增长。产业的关联效应是指一个产业的生产、技术、产值等方面的变化对其他产业部门产生的直接或间接影响。产业的扩散效应具体表现为回顾效应、旁侧效应和前向效应[2]。回顾效应是指主导产业的增长对向自己供应投入品的供应部门产生的影响，例如原创艺术产业的进驻促进了闲置空间区域中艺术创作材料供应机构的经济增长。旁侧效应是指主导产业的成长还会引起它周围地区在经济和社会方面的一系列变化，我国闲置空间中产业结构变化产生的旁侧效应趋向于在广泛的方面推进许多第三产业的产业化进程。前向效应是指主导产业的成长诱导了新能源、新材料、新技术的出现，改善了产品供给质量，例如时尚创意展示商铺的相继出现并集聚，促进了创意经济的发展，丰富了区域人民的精神生活。[3]

---

[1] 苏东水主编：《产业经济学》，高等教育出版社2000年版，第280页。
[2] [美]罗斯托编：《从起飞进入持续增长的经济学》，四川人民出版社1988年版。
[3] 陈燕：《闲置空间再生中的产业结构优化样态分析》，载《福建省艺术研究院2012年学术年会论文集》2013年版，第74页。

第二节 准精神产品比重的增加：闲置空间
再生中产业结构的优化

在当今社会，人类的财富已经不仅仅被认为是物质的，而更多地被认为是精神的和社会的，人类财富的概念随着经济的发展而不断深化。学者李向民的精神经济理论认为[①]，财富是被人类精神赋予的物质自然，人类的生产过程不仅是利用生产工具对物质材料的加工过程，更是运用人类的智慧对物质载体注入精神内容的过程；不仅是物质生产过程和价值增值过程（剩余价值的产生），更是精神内容的价值转化和增值过程。人类所有的产品都是物质资源和精神内容的统一，产品中精神内容的含量影响着产品的性质，人们将精神内容超过一定比例的产品称为精神产品。

物质经济的产生，首先是人类生存的必需，是为了满足人类对基本生活资料的需求。精神需求建立在一定的物质基础之上，精神生产依附于物质生产，精神生产活动从属于物质经济活动。随着经济和社会文明发展到一定阶段，人类社会的需求发生改变，全球经济趋势开始逐渐从传统的物质经济转向精神经济，经济发展动力也逐渐从物质实体向精神产品和服务过渡。自此，人类进入了精神经济时代，人类社会的经济增长方式和产业结构发生了根本性的变化。

"在任何时代，增长不仅是经济总体的变动，而且是结构的变动……在现代经济增长过程中，人口和产值的高速增长，总伴随着各种产业比重在总产出和所使用的生产性资源方面的明显变动"[②]。在精神经济时代，精神经济所带来的增长伴随着产业结构的深刻变革。创意是精神经济时代中经济发展的核心要素，以文化、信息和精神产品的生产和消费为基础的文化创意产业在全球经济总量中的比重日益上升。从社会的经济总

---

① 李向民：《文化产业：变革中的文化》，经济科学出版社2005年版，第38页。
② [美] 西蒙·库兹涅兹：《现代经济的增长》，学海2003年版，第4页。

体结构来看，物质产品和精神产品需求收入弹性①的差异，引起了社会经济的转型，和社会产业结构的优化。

在社会经济增长方式和产业结构优化的同时，精神经济的发展影响着文化创意产业企业的价值创造过程。我国闲置空间的再生，吸引了文化创意企业的进驻和集聚，促进了文化创意产业的滋生，其占据较大比重的技术、设计、品牌等无形资产也逐渐成为最重要的价值驱动因素。

文化创意企业是传统的企业财务理论中"轻资产"企业的典型，文化创意产业生产出来的产品，属于精神经济学中的准精神产品（即位于图 4-1 的 C、D 区域中）。闲置空间的再生优化了原有的产业结构，闲置空间中文化创意机构和企业的产生和集聚，促使文化创意产业在社会产业中所占的比例增加，从而使准精神产品在人类社会产品中所占的比重增加，引起了精神经济学社会产品分类图中 FF' 的右移（详见图 4-1：FF' 右移至 $F_1F'_1$）。

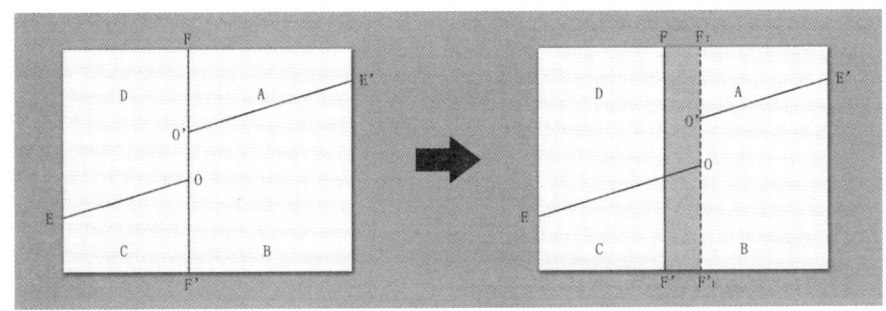

图 4-1　准精神产品的增加

闲置空间的再生，对社会产业结构的优化起到了促进作用。闲置空间再生中的文化创意产业集聚具有以下几个方面的特征：

首先是生产出来的文化创意产品，精神内容的价值一般远比作为其

---

① 需求收入弹性是指在价格和其他因素不变的条件下，因为消费者的收入变化所引起的需求数量发生变化的程度大小，通常用需求弹性系数来表示需求收入弹性的大小。一般而言，必需品的需求收入弹性大于 0 而小于 1，奢侈品的需求收入弹性大于 1。

载体的物质价值大得多,在总价值中占有较大的比例优势。与传统工业化生产中的劳动和资本受边际收益递减规律影响不同的是,文化创意产业所生产的准精神产品,其精神内容是创造收益的实际推动力,财富的主要创造因素是精神内容。

其次是作为准精神产品的文化创意产品,其许多精神内容都具有易复制性,产品的增加和规模的扩大所受物质条件的制约较小。例如在闲置空间中发展音像业、影视业或者动漫产业,这些文化创意产业所生产的纯精神产品都具有很强的可复制性,甚至还可以将其精神内容与不同的物质载体结合,源源不断地开发出衍生产品。

第三是闲置空间再生中发展的文化创意产业,非常注重品牌的打造。文化创意产业是品牌化运作的产业,品牌竞争力是核心竞争力的外在表现,打造品牌是第一要素。精神经济时代是名声主义盛行的时代,使用价值、交换价值和品牌价值共同构成文化创意产品的价值。品牌价值体现着受众的精神需要,文化创意企业往往投入很大的人力、物力和财力去打造品牌,创造品牌效应。

第三节 闲置空间再生中产业结构优化的样态分析

一、以传承和保护为主旨的体验经济发展样态

体验是"以服务为舞台,以商品为道具,以消费者为中心,创造能够使消费者参与、值得消费者回忆的活动"。人类的经济生活先后经历了农业经济、工业经济、服务经济和体验经济等4个发展阶段。体验经济已经逐渐成为继农业经济、工业经济和服务经济之后的主导性经济形态,是通过满足人们的各种体验的一种全新经济形态。[1] 闲置空间再生中,以传承和保护为主旨的体验经济发展样态,使许多文化创意产业机构和

---

[1] [美]B.约瑟芬·派恩:《体验经济》,毕崇毅译,机械工业出版社2012年版,第3页。

企业不再单纯地提供商品或服务，还精心设计充满感情力量的各种体验，给消费者提供难忘的记忆。①

体验的过程是人们用一种从本质来看很个人化的方式去度过一段时间，并获得一系列可记忆事件。体验不同于由市场需求决定的、大批量生产的产品和服务，而是在以客户需求为导向，以服务为附加的传统理念上有所创新的互动式服务营销模式。体验通常被看作是服务的一部分，但实际上是像商品和服务一样实实在在的经济物品，人们开始逐渐将其作为一种特有的经济提供物。对受众来说，商品和服务是外在的，而体验是个人在形体、情绪、知识上参与的所得，体验创造的价值来自个人内在的反应，个性化体验比简单的商品交易拥有更高的价值。②

闲置空间再生中以传承和保护为主旨的体验经济发展样态，主要分为教育的体验、娱乐的体验、逃避现实的体验和审美的体验等4种。教育型体验能够通过拓宽视野来增强个人的知识或技能，要求消费者有更高的积极性；娱乐是吸引消费者注意力的良好方式；逃避现实的体验是要使消费者积极参与整个体验的塑造过程，完全沉浸其中；审美体验则通过诸如去美好的地方旅行或者欣赏完美的演出等行为活动产生，审美体验是个人沉浸在某一事物或者环境中，却往往不会对事物或环境产生影响。③让人感觉最丰富的体验往往同时囊括以上4个方面。

一般情况下，体验经济具有非生产性、短周期性、互动性、不可替代性、经济价值的高增进性和深刻印象性等方面的基本特征。体验是一个人精神、情绪、体力达到某一特定水平时，意识中产生的美好感觉，体验本身不是一种经济产出，无法清点和量化，也无法创造出看得见摸

---

① 陈燕：《闲置空间再生中的产业结构优化样态分析》，载《福建省艺术研究院2012年学术年会论文集》2013年版，第72页。
② [美]B.约瑟芬·派恩：《体验经济》，毕崇毅译，机械工业出版社2012年版，第5页。
③ 陈燕：《闲置空间再生中的产业结构优化样态分析》，载《福建省艺术研究院2012年学术年会论文集》2013年版，第73页。

得着的物品。一般规律下，体验经济往往以小时为单位，其周期性较短，例如观看电影；还有些甚至以分钟为单位，例如上网。农业经济、工业经济和服务经济是卖方经济，经济产出一般都停留在消费者之外，不与消费者发生关系；而体验经济不同，任何一种体验都是某个人身心状态与其相互作用的结果，消费者参与其中。体验是个人心境与事件的互动，体验的需求要素是突出个性化的感受，没有两个人能够拥有完全相同的体验经历，因此人与人之间、体验与体验之间一般都有着本质的区别。体验经济一般都是低投入、高产出，其经济价值具有高增进性。① 任何一次体验都会为体验者带来深刻的印象，让消费者对体验的回忆超过体验本身。

在体验经济时代，消费者的购买在本质上不仅是实实在在的商品或服务，更是一种感觉，是体力上、智力上、情绪上甚至精神上的体验。旅游作为一种天然的体验经济，是人们求新、求奇、求异、求美、求知的重要途径。而我国当下许多以传承和保护为主旨的闲置空间再生中的旅游产业，却呈现出日渐低端化的态势，我们对旅游活动的休闲、体验与审美性质，及其对文化创意产业的重要影响，应该有充分的认识。②

厦门海岛鼓浪屿作为重要的旅游景点，其历史风貌和目前颇具规模的文化创意产业进驻，终究难挡各地闲置空间再生中同样频频出现的各种困境：例如经济发展导致闲置空间区域日渐被遗忘和原产业空间的日渐丧失；牺牲长期社会效益而获取短期经济利益对政府和地产商的考验和诱惑；以及政府和民众对闲置空间保护和创意产业集聚区建设的不足认知等等。面对这些困境，鼓浪屿如何抵御时间的摧残、保持风貌环境，并在原有产业逐渐丧失的同时避免目前较有生命力的文化创意产业的萧条化？

2009年起，厦门市经济特区兴起了积极推动"艺术之岛"鼓浪屿、

---

① 陈燕：《闲置空间再生中的产业结构优化样态分析》，载《福建省艺术研究院2012年学术年会论文集》2013年版，第73页。
② 同上。

发展鼓浪屿文化创意产业园区的浪潮。为了促进园区的创建和发展，厦门市城市规划设计研究院委托了杭州中国美院、鼓浪屿—万石山风景名胜区管委会委托了北京798时代空间的艺术总监黄良福，共同策划鼓浪屿艺术岛的建设方案。2009年底，黄良福在第三届北京国际文化创意产业博览会之文化创意产业集聚区发展论坛上，发表了题为《文化创意产业与历史街区——艺术岛计划激活鼓浪屿复兴之路》的报告。报告针对如何通过文化创意产业激活鼓浪屿的复兴之路展开论证，提出要进一步打造鼓浪屿的"创意生活圈"，将厦门构建成"创意之城"；要在鼓浪屿重建人文社区功能和城市时尚旅游的新景观；同时还强调要在鼓浪屿发展视觉艺术产业，将鼓浪屿建设成为多元的、新兴的文化创意产业集聚区。

值得注意的是，鼓浪屿的文化资源在当下依然颇具吸引力：文化资源集中地分布于一个风景优美、气候宜人、地处经济特区的岛屿上；是海派文化、生态文化和闽南文化三大文化资源体系的融合；既有以物质形态存在的名人故居、历史风貌建筑和摩崖石刻等物质文化遗产，也有以符号形式存在的艺术氛围、民风民俗、传统节庆等非物质文化遗产。但在当下各地文化创意产业集聚区频频现身，旅游业又往往以日渐低端化的态势充斥其中，政府、艺术家和文化创意产业界的人士在提出并协助种种建设鼓浪屿的创意方案出台时，如何避免重蹈覆辙，其行动该如何恰到好处的结合区域自身资源特性的吸引力？这样的结合，有待于通过多方的长期坚持和不懈努力，以较好的眼力和较高的趣味，保持其持久性和有效性。

我国闲置空间再生中的产业结构优化过程，其以传承和保护为主旨的体验经济发展样态下，区域文化生态与文化商业化进程的平衡问题日益迫切。上文中所提及的丽江古城，在中国名城中具有特殊的重要地位，其不但充分体现了中国古代城市建设的成就，而且是中国民居中具有鲜明特色和风格的类型之一，还蕴含着丰富的民族传统文化，尤其是集中体现了纳西民族的兴旺与发展。而当下，商业化的进程是现代文明的标志，以四方街为核心的丽江古城，其以体验经济为主要发展样态的文化创意产业进驻和旅游产业的发展，同样带来了丽江传统民族文化遭受冲击、原住居民的大量外迁和生态环境遭受破坏等种种问题，丽江四方街传承和保护的主旨和初衷正在遭受颠覆。

丽江是一个农业和工业生产都比较落后的地区，经济发展较为滞后，旅游业和文化创意产业可以算是目前发展丽江地方经济的支柱性产业了。而这两大产业都会为丽江带来人气，面临大量外来游客、艺术家和文化创意行业商户的进驻，如何保持丽江古城的历史风貌和生态环境？例如丽江古城正在迅速恶化的水质，如今只能达到3类标准① 了，而下游的部分地区甚至低于5类水标准，人流量对丽江古老水系的自身净化带来了严重的威胁。值得我们深思的是，携景区特质、依风景秀美的古城丽江而生的四方街，该如何面对创意产业化进程与文化生态平衡的冲突？该如何具体调整产业的涉入标准和方式？具有优越的地理环境和独具区域特色的多元文化资源的丽江四方街，其以传承和保护为主旨的体验经济发展样态，该如何继续与现代创意思维碰撞和实践的过程？

二、以交流和创新为主旨的创意经济发展样态

创意是人类的一种智慧创造，是一种产生财富和文化积累，创造就业机会，推动社会可持续发展，促进技术改革、商业革新和提高城市乃至国家竞争力的经济驱动力。在知识经济高度发达的新阶段，创意经济是以人的创造力即创意为核心，以知识产权保护为平台，以现代科技为手段，并把创意物化，形成高文化附加值和高技术含量的产品和服务，

---

① 根据《地面水环境质量标准》（GB3838-2002）中规定，我国地面水按照功能高低依次划分为五大类：I类主要适用于源头水，国家自然保护区；II类主要适用于集中式生活饮用水、地表水源地一级保护区，珍稀水生生物栖息地，鱼虾类产卵场，仔稚幼鱼的索饵场等；III类主要适用于集中式生活饮用水、地表水源地二级保护区，鱼虾类越冬、洄游通道，水产养殖区等渔业水域及游泳区；IV类主要适用于一般工业用水区及人体非直接接触的娱乐用水区；V类主要适用于农业用水区及一般景观要求水域。

在市场经济条件下进行生产、分配、交换和消费，以提升经济的竞争力和提高生活质量为发展方向的新型经济形态。①

创意经济兴起和繁荣于现代城市，是当经济发展的动力转移到主要依靠人的个体创造力、依靠艺术文化等创意要素时产生的。创意资源是经济增长的关键，创意经济强调艺术文化的创造性对经济的推动作用，创意产业位于产业价值链的高端，是支柱性产业或者先导产业。②

创意经济具有以下几方面特征：一是创意经济的本质是知识产权的占有和交易。知识产权是创意的载体，是创意商品化的表现，创意作品通过知识产权转变为创意产品；二是创意经济的核心要素是人的创造力，也就是创意。创意经济的本质是"以人为本"的、依靠智力资源的知识经济，能够充分发挥人的主动性、积极性和创造性。创意资本必将逐步取代土地、劳动和货币而最终成为经济发展的核心资本；三是创意经济的核心问题是创意的定价机制问题。创意作为特殊的生产要素，难以通过市场的一次性交易进行直接定价。创意在现实经济生活中的定价一般是通过知识产权交易市场的特殊机制来实现，或者通过创意拥有者的创业活动来进行；四是艺术文化的创新是创意经济的动力。将艺术文化元素融入传统制造业，能够提升产品的附加值，提高产品的边际效用；五是创意产业是创意经济的表现形式。创意产业源自个人的创造力，通过知识产权的运用创造财富和就业潜力。创意的产业化体现了创意经济的财富增长效应。③

创意经济实际上意味着：从以效用为重心的经济转向以价值为重心的经济；从以理性资本（物质资本和物化知识）为基础的经济转向以活性资本（社会资本、文化资本、个人知识资本、精神资本和潜意识资本）

---

① 蒋三庚、王晓红、张杰主编：《创意经济概论》，首都经济贸易大学出版社2009年版，第5页。
② 陈燕：《闲置空间再生中的产业结构优化样态分析》，载《福建省艺术研究院2012年学术年会论文集》2013年版，第73页。
③ 同上。

为基础的经济；从以机械组织和秩序为基础的经济转向以有机组织和活的秩序为基础的经济。

创意经济促进了闲置空间再生中产业结构的优化，创新作为创意经济的核心内容，是产业结构优化的动力。闲置空间中不同产业间此消彼长的"自然演化"过程，既有主导产业的更迭又有产业结构的变迁。以交流和创新为主旨的创意经济发展样态，增强了闲置空间再生中产业结构的优化能力，以及对市场需求的适应能力。创意经济的源头是创意，而创意付诸行动就是创新。

21世纪以来，北京"798"从一个普通的工厂编号，变成地标性的文化符号；从一个国有企业所有的封闭厂区，变成开放型的文化艺术社区；从一个自发形成的艺术区，变成由政府参与常态管理、进行重点规划建设的市级文化创意产业集聚区。798凭借独特的旧工业建筑闲置空间、合适的厂房租金、优越的地理环境，创造了工业、艺术和商业相结合的典型艺术区，但其目前文化艺术与创意经济发展的博弈和发展局限，值得深思。

首先，798艺术区的文化创意产业现状远低于其在全国乃至国际上的艺术商业地位。798艺术区从自发集聚到纳入规范管理、日渐符号化和地标化、形成国内外知名的文化创意产业集聚区，先后历经了17年，相较于作为后方工厂和生活结合的宋庄，798艺术区则倾向于展示和销售相结合的终端，倾向于中国最高端文化创意产业橱窗的打造，但实质上远没有运作到位。798的创意经济背景和商业现实是不可否认的，而目前的展示与销售过于低调，缺乏足够明晰的艺术商业面貌，处于不事张扬但运营成本却居高不下的门面式单体经营的尴尬阶段，停留在从销售到销售的低级层次，迎合顾客意志以获取低端的商业利益，或苍白的推销这些社会转型中诞生的新文化、新艺术，实质上还是进行着粗浅的传统经营。这只会将格局做小，充其量只能满足正常的文化生意功能的需求，最终必将被其他更加商业的元素所取代。我们谈及商业艺术，并非要降低艺术的趣味，就此媚俗化和批量化，面对798目前极其有限的前卫艺术商业状态，反而更应该发挥艺术家的个性创造，通过充分的文化艺术资源整合，进入创意经济营销阶段，让艺术消费更具影响力，进入更广泛的群体视野之中，将创意经济做到更高境界。798艺术区的真正定位，应该是既要艺术，又要市场。

其次，798艺术区发展至今仍然没有成为在艺术商业上具备足够塑造力度的区域，这值得集聚区管理层面的反思：作为保留首都城区内闲置的工业建筑遗产、保护包豪斯建筑遗产风貌的官方力量；同时又作为分担管理和运营的责任与风险的地方政府该如何引导？如何从整体战略的格局，将798艺术区打造成艺术消费的顶级市场？而七星集团又如何做到仅仅依靠合理的租金支付每年高达5500万元的职工社会保障资金；如何承受作为国有企业的社会责任？798艺术区中的各个艺术和创意机构，又该如何改变被各个小资的品牌店、咖啡馆、餐厅甚至旅游业和时尚摄影取景地抢夺而去的话语权，从自身本不该有的配角角色中解脱出来；如何改变独立的、彼此没有建立关联的艺术商业店群初始阶段的现状，联合起来并充分利用艺术区与日俱增的人流量，将艺术商业进行彻底？

在798艺术区喧嚣表面之下的文化创意产业，实际上是一门非常孤独的生意。北京798在文化创意产业结构优化过程中所呈现的以交流和创新为主旨的创意经济发展样态，面临着艺术、创意和商业的博弈与兼得问题。798艺术区需要彻底的包装，需要转变成为一个定位明确的、高端文化创意产业展示与销售的场所，需要加大力度张扬其艺术商业气息，做出艺术区的品牌影响力，建立艺术行业在商业上的标准，形成全国性的连锁规模和足够说服力的创意经济生意系统，进入真正的艺术商业化竞争阶段，挖掘潜在顾客对于创意消费的认知，尊重艺术的自由度和突破精神，释放艺术改变生活的真正力量，从而实现艺术的真正价值。

三、以开发和拓展为主旨的艺术生产发展样态

马克思在《1844年经济学—哲学手稿》中，把"艺术"等看作是人的有意识的、全面的生产活动。马克思认为"艺术"是生产的一种特殊方式，并且受生产的普通规律的支配。从生产角度研究艺术、把艺术看作是一

种生产方式或生活形态是马克思主义的独特发现和一贯见解。1859年，马克思在《政治经济学批判》的序言中指出："艺术"是一种社会意识形态，是经济基础的上层建筑。马克思还在《〈政治经济学批判〉导言》中正式提出了艺术生产概念，认为艺术生产是艺术活动的生产实践，艺术活动是作为与物质生产相对应而存在的精神生产的一种特殊生产方式；一定的物质生产方式和经济发展水平，必然产生与之相适应的艺术生产的形式与成果。

可见，艺术不仅仅是一种社会生产形态，也是一种社会意识形态，是创造审美对象的精神生产。作为一种生产，艺术是感性的、客观的、有目的的、对象化的实践；作为一种特殊的精神生产，艺术是表现与再现的统一，具有一定的意识形态性和能动反应性，以创造审美对象、满足人们的审美需要作为自己特有的目的。艺术生产既遵守一般物质生产的规律，又有其认识价值和审美价值，也就是有其精神生产的特殊性。艺术生产活动标志着人类精神文明的成熟程度，是人类不可缺少的一种活动方式，艺术作品是这种生产劳动的直接成果。①

艺术生产虽然属于精神生产活动，但它与物质生产一样也必须以一定的人力、物力和财力的消耗为前提。没有一定的物质基础，任何包括艺术生产在内的精神生产都是不可能的。精神生产也有客观的物化过程，单纯的思维过程和抽象的观念只能留存于人的思想之中，无法观照欣赏和互相交流，因而达不到满足社会精神审美需要的目的。精神生产需要借助一定的物质条件，把思维观念物化于一定的物质载体上，通过物质载体的传播提供人们的实际消费。从经济学角度看，艺术生产不单纯是意识形态的精神生产活动，还是以艺术本体为内容和灵魂，以物质媒介为形式和载体的艺术经济活动。艺术本体的精神属性和媒介载体的物质属性，决定了艺术创作生产活动既是精神生产活动，同时也是物质的艺术经济活动。②

艺术生产中的经济因素总是与艺术生产密切相关。这些经济因素往

---

① 陈燕：《闲置空间再生中的产业结构优化样态分析》，载《福建省艺术研究院2012年学术年会论文集》2013年版，第73页。
② 同上。

往不仅被社会学家所忽视，而且也被艺术社会史家所忽视，但这些因素却涉及到艺术生产的本质，涉及到控制着艺术生产的特殊群体在社会中所处的地位等问题。得到生产或展示，并被欣赏者所接受的艺术作品，往往是被直接的经济情况所决定的。总之我们可以清楚地看到，提供资金和筹措资金都不能被认为是理所当然的事，这些因素随着一般经济周期或政治变化而波动的程度，可能会决定性地影响艺术的本质，甚至决定性地影响艺术的生存。[1]

并且，艺术是一种集体性的生产。艺术的生产需要相互协作，艺术家自身以外的各方面压制因素都会影响作品的完成。从大体上说，艺术作为一种集体生产，它涉及到某些在艺术作品的直接制作过程中并不起重要作用的方面，但是，这些方面却是艺术作品制作时所必需的先决条件。有代表性的先决条件主要包括以下内容：对艺术作品主题的构思，必要的物质人工制品的制造，对从事艺术的全体人员的训练，对传统的表现语言的再创造，对使用这种传统语言去创造与体验的欣赏者的训练，以及为一种特定艺术作品提供上述这些构成部分的必要混合物。此外，艺术作为一种集体性生产，同样适用于那些表现为最为"个人的"和最为个体的艺术。例如，艺术家从事个人创作，也需要素材；需要成为一个了解艺术理论的人；需要从对文化艺术传统和习俗的了解中获益；还可能要受到艺术批评家的影响。过分强调个别艺术家是某件艺术作品的唯一创造者的做法是一种误解，许许多多的其他人员也参加了某些艺术作品的生产，甚至还有各种社会规定作用和决定作用的参与。可见，一个艺术作品的思想是无法被某个授意者、无论以什么形式封闭起来，并进而用于被欣赏者或读者所欣赏和消费的。

综上，艺术生产中不可或缺的物质生产、艺术生产中重要的经济因素以及艺术作为集体性的生产等，这些方方面面都强调着艺术生产中被

---

[1] 陈燕：《闲置空间再生中的产业结构优化样态分析》，载《福建省艺术研究院 2012 年学术年会论文集》2013 年版，第 73 页。

人们普遍忽视的、艺术作品产生和赖以生存的历史和现实条件，以及作为生产者的艺术家们面临着各种特殊的工作条件，这些条件都影响着他们的作品和生产方式。我们以艺术家作为生产者的观点来代替艺术家作为创造者的传统观点，把艺术作品的本质看作是被确定了范围的生产，这并不是要亵渎美学使之降低到世俗的地位，而是一种保护的方法。

在上述的艺术生产中，艺术生产者与艺术品消费者之间的关系组成了艺术生产关系，艺术生产力与艺术生产关系的矛盾运动决定了人类艺术活动的特点和性质。艺术生产和艺术消费日益成为精神经济时代人们生活的重要内容，例如作为第三产业重要组成部分的文化创意产业，在我国已经初具规模，但在科技水平、创新能力、资金实力、市场运作和竞争力等方面与发达国家还存在较大差距。有效开发和利用我国许多地区的资源特性，通过闲置空间再生中以开发和拓展为主旨的艺术生产发展样态，发展文化创意产业，有利于满足社会多方面、多层次、多样性的日益增长的文化艺术消费需要，提高文化创意产品的国际影响力和竞争力。

以北京宋庄原创艺术集聚区为代表的后方工厂与生活结合的产业发展样态，是对原创艺术生产集聚的实验性探寻模式，具有以下几大特征：首先，从形成方式来看是由市场主体自发形成的，适宜特定产业发展的地理环境和低廉的进驻成本使艺术家们对环境产生了认同感，自发进驻并最终形成集聚效应，从而带动了文化创意产业的发展。近千名艺术家、中国现代艺术的一些代表人物和知名批评家在宋庄工作和生活超过10年，对宋庄的形成起到了带头作用，20世纪90年代以来出现的"玩世主义""政治波普""艳俗艺术"的主要代表都集中于宋庄。同时，由市场主体自发形成的艺术家们的集聚，也促进了艺术创作所需原料的需求，促进了画廊与经纪机构的引入、创办和逐步增加，加速了产业的集聚和发展，从而吸引更多的艺术家进驻。此外，作为公共展示场所的东区艺术中心、宋庄美术馆、双R美术馆和上上美术馆等也都于2006年建成，经营面积共计1.45万平方米。①

其次，宋庄艺术家作品的原创性较强，实验性质和市场化特征鲜明。以自发模式形成的宋庄，艺术家们对于原创性的追求较高，甚至高于创作技巧方面的培养。宋庄中的原创艺术家们普遍倾向于将自己整体定位为非主流文化，他们根据自身的生活经验与艺术体验，寻求集体力量的认同，建立了共同的文化意识，以共有的价值观维系艺术家群体的生活和独立创作。艺术家们通过强烈的实验性质，延续了圆明园的画家村风格，在努力争取艺术地位的同时，也使得自己的作品具有了较高的风险性。同时，宋庄艺术家们的作品还具有较鲜明的市场化特征，这主要体现于每位原创艺术家独立的主题与风格，区别于其他竞争者，证明自己特有的存在意义，获取分众市场，以达到一定的创作规模，这实际上体现了明确的商业意图。

第三，宋庄的艺术作品生产多属于传统的手工作坊形式，以现代风格为主，属于艺术品生产的一级市场。宋庄的艺术作品生产和创作通常是艺术家在工作室中完成的，是创作生产与展示交易的高度合一。宋庄艺术家以创作现代风格的油画画家居多，也包含部分雕塑家、观念艺术家、行为艺术家、摄影家、独立制片人、自由作家以及音乐人等。随着宋庄和艺术家知名度的不断提高，许多策展人和经纪机构也逐渐介入进来，帮助艺术家代理部分作品，宋庄更因此呈现出文化艺术和创意产品一级市场的典型特征。

以宋庄为代表的后方工厂与生活结合的产业发展样态，是对原创艺术生产集聚的实验性探寻模式，其所体现的几大特征值得我们反思：

首先，开辟了特殊的探寻道路，打造了新的平台。宋庄以特有的资源特性和区位优势，在市场主体中自发形成集聚，与许多以展示和销售作为终端的文化创意产业集聚区不同的是，宋庄体现了生产制作文化创

---

① 数据资料来源：孔建华：《北京市宋庄原创艺术集聚区的发展研究》，载《2007年：中国文化产业发展报告》2008年版，第375页。

意产品或提供文化服务的后方工厂和生活方式相结合的特殊性质。这种特殊性质使宋庄"对于文化的意义更具有未来性,是文化、精神、情感、思维、创意等这个时代稀缺的内核元素在时空和地理上的一次绝妙集合,它的尝试意义更具价值"[①]。宋庄的发展模式完全不同于中国的生活常态,其打出了"艺术移民"的旗号,并引入了移民艺术家们的观念和生活方式,实际上宋庄已经形成了颇具独特形态的艺术社区,形成了多元文化和创作思维碰撞产生想象并实验操作的基地,甚至对创造力较低的传统文化和充满束缚与弊端的传统文化机制产生了巨大的充斥和挑战,令人期待。从宋庄先天性适宜的地理环境、圆明园拆迁之变的偶然际遇,和较为轻松的入驻条件,到如今已经产生颇具企图的打造进程的宋庄原创艺术集聚区,宋庄带给大家对其未来的无限想象力,更吸引着国内外对其发展文化艺术和创意产业的关注。

其次,宋庄的崛起是对文化创意产业管理上的新尝试,也是身处深层次体制改革的中国对文化发展新的内在需求的更多"默许",甚至回应和跟进,给制度化下已经出现了很多弊端的中国文化带来多层面的刺激和想象空间。但愿它不是艺术生产中的应景之作,而是"反"体制化的创新窗口。此外,在当代艺术突破单一思想结构、快速融入国际化社会和全球化市场,产生特定的艺术家群体、多元的艺术价值的同时,还要面对形形色色的质疑和艺术批判,要面对高度资本化、物质化和商业化的社会发展步伐,要面对当代艺术对于日常价值而言的消极效能。

第三,宋庄体现了一种集群力量,这种集群力量在发展当代艺术的同时,也促进了对利益的追逐。作为文化创意产业的集聚区,宋庄是高雅智慧和财富积累的结合,作为体制外的"收获",宋庄因艺术而兴起并形成集聚,群体的集聚力量放大着宋庄艺术经济的发展,宋庄模式已经不仅仅是针对艺术家群体,更生成了从艺术家群体中拓展出来的、当

---

① 陈晓峰:《宋庄的未来和798的现在》,中国国家图书馆官网:http://www.chnmuseum.cn/Default.aspx?TabId=138&InfoID=2541&frtid=118&AspxAutoDetectCookieSupport=1,2010年5月22日。

代艺术与社会实践相结合的价值链。在这个价值链的形成过程中,不可回避地伴随着追名逐利。经济之于文化、文化之于未来,两者总是具有不可调和的矛盾。今日之宋庄,难以避免的弥漫着些许浮躁气息;宋庄之明日,还会保有人们今日津津乐道之理由么?它在艺术上是永恒的,还是阶段性的?

  作为中国最大的原创艺术家集聚地,作为以开发和拓展为主旨的艺术生产发展样态的典型代表,宋庄已经成为我国闲置空间再生中文化创意产业集聚的一个重要话题,它不但需要人们突破观念和思维模式的限制去接纳它,接纳全国各地相继崛起的"宋庄",更需要发现每一个"宋庄"自身所具有的资源特性和区位优势;需要运用这些资源和优势开发创新;需要从这种草根性质的文化中包容并迎接中国文化发展的新阶段。"彼时的宋庄是一幅用墨苍然的黑白油彩,展示着人们的艺术追求和人生自白。那最初的和最后的迷惘,在历史上已成定格"。[1]

---

[1] 侯汉坡编著:《北京市文化创意产业集聚区案例辑》,知识产权出版社2010年版,第99页。

第五章　闲置空间再生中
文化创意产业集聚的最终形成

第一节　空间再生后的组成主体与内部环境

经过空间形态的演变和产业结构的优化，闲置空间再生中的文化创意产业集聚最终形成，其组成主体主要包括起引导和支持作用的政府机构，作为核心要素的文化创意企业或个体，以及作为桥梁的文化创意产业的中介机构等；各个主体之间形成了合作与竞争关系、价值链关系和社会关系等相互关系；并逐步产生了物流、人流、资金流、价值流、知识流和信息流等；最终形成了市场环境、制度环境和社会人文环境等内部环境。

闲置空间再生中的文化创意产业集聚，一般都有政府机构尤其是地方性政府机构的引导和扶持。即使是市场自发型的文化创意产业进驻，在发展到一定规模时，也会获得不同程度的政府资金、政策和制度等各方面支持。地方政府机构一般不直接参与文化创意活动本身，而是在营造闲置空间区域生态和环境、发展协调区域规模、有效规范地方市场行为、加速信息传播和扩散、以及对特有地方资源的挖掘方面发挥重要作用。

文化创意产业的进驻和集聚包括涉及形形色色的相关行业，既包括文化创意产品的专业化原材料、半成品、成品的供应商、制造商、分包商，也包括各级销售代理商、各种形式的服务商等。作为核心要素的创意企业、创意机构或个体，是闲置空间再生中最重要的经济单元，是实现文化创意增值的直接行为主体。

文化创意产业的中介机构，包括各种文化创意行业的协会、商会组织，以及拍卖机构、画廊和各种艺术经纪机构等。作为一种市场形式，文化创意产业的中介机构兼具市场的灵活性和公共服务性特征，能够有效的协调和规范文化创意企业、机构和个体的市场行为，协助地方政府激活市场，合理配置资源，增强创新活力。

闲置空间再生中的文化创意产业各个主体之间形成了合作与竞争关系、价值链关系和社会关系等相互关系。文化创意产业的企业也具有专业化的分工与协作，同样普遍存在着企业和机构之间的竞争，竞争为其带来动力，对文化创意产业的发展状况保持警觉性。竞争中伴随着协作关系，协同竞争的最终结果往往是实现文化创意产业的共同发展。闲置空间主体的价值链关系是行为主体为了实现文化创意产品和服务的价值而连接文化创意产业研究开发、生产和销售等过程的关系，对闲置空间所在区域资源特性的有效利用往往能够很大程度地降低价值链中各个环节的交易费用。在精神经济时代背景下，闲置空间再生中各个机构和企业之间的人员关系，是各机构和企业之间关系的纽带，关系到文化艺术和技能的学习和传播，信息的交流和相互的合作，乃至再生空间整体范围中文化创意产业的创新与发展。

闲置空间再生中的文化创意产业集聚，经过空间形态的演变和产业结构的优化，逐步产生了物流、人流、资金流、价值流、知识流和信息流等。物流主要是文化创意产品和服务的原材料、设备、半成品和成品等物质在各个机构、企业、个体等组成主体之间的流动。人员的流动主要包括横向机构和企业方面竞争者或者合作者之间的流动，和纵向产业链方面从供应商到企业再到中介机构和公共服务机构等之间的流动。资金伴随着物流而流动，主要是在文化创意产业各个企业、机构和个体之间流动，也在拍卖机构、画廊和各种艺术经纪机构等中介机构和地方政府之间流动。价值则伴随着产业结构优化后在文化创意产业价值链上的价值增值过程的活动而流动。此外，人才的流动带动了知识的流动，而文化创意产业形成集聚后，增强了信息的传播和扩散速度，使信息在各个组成主体之间具有很强的流动性。

经过空间形态的演变和产业结构的优化，闲置空间再生中的文化创意产业集聚最终形成了市场环境、制度环境和社会人文环境等内部环境。闲置空间再生后的内部环境是维护和发展文化创意产业各个主体之间关系的环境，其中市场环境主要是指文化创意产业的市场需求条件，市场需求是区域文化创意产业不断发展创新的动力，促使文化创意机构对市场长期保持敏锐的洞察力，并作出积极响应。各种规范制度的彼此协调能够促进人与人之间的诚信合作，闲置空间再生后，规范的制度环境有利于较好的利用文化创意产业分工的优越性和行业的创造性，能够较好的控制各个机构中可能出现的任意行为和机会主义行为，促进文化创意产业进驻和集聚的良性发展。社会人文环境既体现于对原有闲置空间历史基础和人文环境的保护与保留情况，也体现于空间形态演变和产业结构优化过程中，文化创意产业的进驻所带来的文化创意和艺术创作的新鲜血液。

第二节 文化创意产业的形成方式与集聚门类

一、文化创意产业的形成方式

我国闲置空间再生中的文化创意产业进驻和集聚，大致可以分为自发型自下而上的市场需求——政府扶持方式、导向型自上而下的政府主导——市场运作方式、市场需求自发和政府主导导向并行型等三类形成方式。

(一) 自发型自下而上的市场需求——政府扶持方式

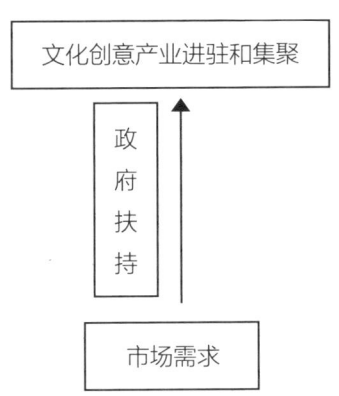

图 5-1　自发型自下而上的市场需求——政府扶持方式

自发型自下而上的市场需求——政府扶持方式，主要是文化创意团体或者艺术家根据市场对文化创意产品和服务的需求，在某个范围内形成和发展文化创意产业。这种方式由市场、文化创意产业、文化创意机构或者艺术家，以及区域空间等因素共同激发，并随着市场需求的不断变化、调整和完善逐步前行。一旦市场对文化创意产品和服务产生需求，就会吸引文化创意机构或者艺术家，在具有一定文化底蕴、适宜某些特定产业发展、具有引发旺盛人气潜力并且进驻成本相对低廉的旧仓库、旧厂房、旧码头和旧街区等闲置空间中集聚、创作和生产，形成创意链和价值链。闲置空间再生中文化创意产业的逐渐形成增强了创新机制，促进了文化创意产品和服务的消费，进一步吸引文化创意机构或艺术家前往聚集。

在政府扶持方面，一方面，文化创意产业作为新兴产业，在初始阶段未经发展印证，政府政策的激励相对较小，但在优胜劣汰的过程中，当某些文化创意产业发展到一定阶段，经济效益和社会效益的显现会促使政府对其加以扶持；另一方面，文化创意产业发展到一定阶段后，市场自身也往往难以解决城市规划调整、配套基础设施以及公共平台建设等一系列问题，这时就需要政府对其进行间接的、辅助性的引导、扶持和常态管理，调节文化创意产业发展和集聚的制约因素，为市场主体创造良好的外部生存环境,这是文化创意产业形成、发展和集聚自下而上的一种发展方式。

正如上文提及的上海M50,曾经只是坐落于苏州河边的一片老厂房——春明粗纺厂遗址,由于租金低廉、空间宽敞以及交通便利等原因,吸引了以台湾建筑艺术家登琨艳为代表的一批创意人才,1999年起,许多画廊和国际知名的设计公司也相继进驻,促成了M50文化创意集聚区的形成和高效产出,并影响政府将乌镇路桥到浙江路段划定为"法定上海近代建筑文化保护区"[①],成为即使是世界各国都市计划史上都难得一见的案例,形成良性循环的开端。

(二)导向型自上而下的政府主导——市场运作方式

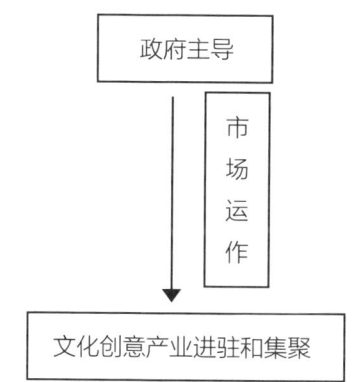

图 5-2 导向型自上而下的政府主导——市场运作方式

在遵循市场运作的基础上,政府主导闲置空间再生中的文化创意产业建设,有利于实现创意经济的跨越式增长。政府主导的导向型方式通常是政府在区域产业总体发展战略和发展规划指导下,综合评估区域经济、文化和社会等环境条件和发展状况,制定出文化创意产业发展战略规划。先期由项目建设单位对闲置空间再生中文化创意产业的建设提出

---

① 登琨艳:《空间的革命:一把从苏州河烧到黄浦江的烈火》,华东师范大学出版社2006年版,第22页。

可行性分析建议，政府按照合规性要求审核，并通过政策优惠、税收优惠或提供服务等各种政策工具，将文化创意产业合理有效地植入没落和衰败的闲置空间区域中，通过创建艺术与产业的硬件设施为其带来新型增长模式，吸引艺术人才，同时满足了旧城改造和利用、城市空间转换和产业结构升级等各方面的趋势需求。例如位于福建省厦门市市中心的厦门文化艺术中心，就是在政府主导作用下，将大型厂房改造成包括图书馆、博物馆、美术馆、文化馆和科技馆等五个大型文化场馆在内的公共文化设施和文化创意产业集聚地。建筑面积 13 万平方米，总投资 4.5 亿元，是我国规模最大、配套设施完备的文化艺术中心。

导向型自上而下的政府主导，首先表现在闲置空间再生中的文化创意产业打造之初，政府为其选定需要并适合再生性开发，同时具有发展文化创意产业潜力的区域，通过法案制度的形式确认文化创意产业的发展目的和类型，打造区域的创意氛围和周边环境，引入文化创意人才。其次是在闲置空间再生中文化创意产业的集聚初具规模之时，进一步确认区域的发展方向并利用政策加以引导和扶持。第三是在其成型并稳定发展之后，自上而下的各级政府针对各个闲置空间再生区域的不同特点在经济、技术和文化艺术等方面不断强化，结合市场运作，促进其持续深入的发展。在政府主导的全过程中，导向型方式都应注重市场机制作用的发挥，以市场需求为基础进行宏观规划引导。

（三）市场需求自发和政府主导导向并行型

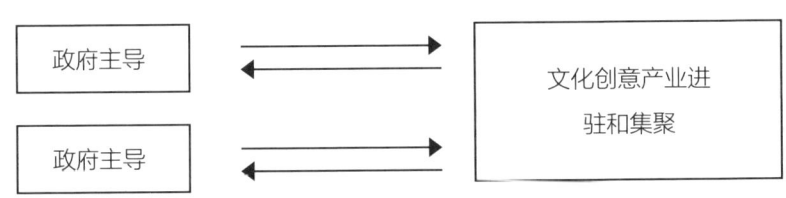

图 5-3　市场需求自发和政府主导导向并行型

我国闲置空间再生中的文化创意产业进驻和集聚，普遍是在政府主导和市场需求的共同作用下产生的。即使许多闲置空间再生初期是由各文化创意机构、企业或者艺术家自发进驻和集聚，在其发展到一定阶段，经济效益和社会效益获得了社会各界的认同之后，管理者、投资者、开发商等社会力量便会相继加入进来。由上文中政府扶持的自发型形成方式可见，政府推动一般是在市场需求发展到一定阶段之后引发的，作为管理者的政府和作为投资商的企业、机构或个人等在选择了进驻区域之后，以艺术的标准对其进行打造或者改造，以招标的形式吸引艺术家或文化创意产业团体的进驻，形成创新效应和集聚效应。而政府在观察并发现文化创意产业集群的发展潜力后的及时介入，有利于文化创意产业的集聚在合理有效的培育和指导中顺利形成。

上文提及的上海8号桥便是个典型案例，8号桥原来是汽车零配件的老厂房遗址，通过注入艺术元素，引入市场运作机制和政府立项、企业投资管理和改建、厂房出租等各种方式，如今已经吸引了世界著名设计工作室、艺术画廊、服装设计与艺术设计学校等50多家文化创意团体的进驻。杭州的LOFT49，也是因为深厚的文化底蕴、宽松自由的创作空间和低廉的进驻成本，吸引了许多文化创意团体和艺术家的自发进驻，政府及时聘请并成立了专家顾问小组，对LOFT49的建设和发展进行了专题研究，并成立了管委会作为政府的派出机构，进行开发规划和管理，提供公共服务[1]。

市场需求自发和政府主导导向两者并行的方式是制度机制和市场的协同作用，各界社会力量为了各自的利益，互相制约并协作发展，促进了闲置空间再生中文化创意产业的集聚形态和功能的多样化。而政府的统一规划、基础设施建设、政策扶持、配套公共服务的完善等，则有利于闲置空间再生中的文化创意产业在资金、文化、创意理念等方面实现效应的最大化。

---

[1] 杭州LOFT49案例资料来源：蒋三庚，王晓红，张杰主编：《创意经济概论》，首都经济贸易大学出版社2009年版，第105页。

二、文化创意产业的集聚门类

根据文化创意产业的集聚门类来划分,我国的文化创意产业主要涵盖了以下几大门类的集聚:

一是艺术创意设计类,例如上海卢湾区的 8 号桥和徐汇区的尚街 LOFT 等,都集中了大量国际著名的建筑设计、平面设计、室内设计、动漫游戏设计、服装设计等艺术设计企业和工作室。

二是艺术品的创作、生产和销售,北京 798 艺术区、上海 M50 等地,就吸引了很多文化创意机构、企业和艺术家的进驻,进行艺术创作和生产;而上海田子坊、四川宽窄巷子、福州三坊七巷等地,由于其历史背景、文化底蕴和交通区位等多方面原因,则逐渐发展成为文化创意产品展示和交易之地。田子坊作为我国建设最早、最具影响力和知名度的文化创意产业集聚区之一,还吸引了来自 20 多个国家和地区的 160 多家视觉设计机构入驻,成为我国著名的视觉创意设计基地,其浓郁的艺术文化氛围甚至从田子坊的老厂房逐渐蔓延到附近的石库门民居群。

三是艺术节与艺术会展类,坐落于上海市静安区西康路、余姚路一带,占地面积约 2.2 万平方米的同乐坊,是保留了中国钢铁工厂、马宝山糖果饼干制造厂、增泰纺织染厂等十几个小厂遗址的里弄工厂建筑群,2005 年被上海市经委评定为首批上海 18 家创意产业集聚区之一。同乐坊约有 80 余家文化创意企业或艺术家工作室进驻,除了 Cliguini 画廊、芷江梦工厂、Muse Club、EliteBar 等艺术品交易、先锋艺术剧场和时尚消费空间之外,同乐坊还注重推广艺术节和艺术会展业,例如其"金爵艺术沙龙",每年举办 8 到 10 场展览,除了实力派名家名作之外,还力推一些有潜质的中青年画家作品。

四是创意旅游类,例如丽江四方街、厦门鼓浪屿等,就是以丰富的历史文化古迹和珍贵的历史文化街区遗存为基础建立的创意旅游集聚区[①]。此外,近年来我国许多闲置空间再生中还吸引了影视产业、动漫产业以及新媒体艺术产业等各种文化创意产业门类的进驻和集聚,文化创

---

① 详见本书第二章第一节,此处不再赘述。

意产业成为闲置空间再生的活态资源和新生力量。并且，以上这些文化创意产业门类往往不是单一集聚，许多地区都伴随着多种文化创意产业交融共生，互相影响，协同发展。

第三节　空间再生中文化创意产业集聚的经济效益

一、直接经济效益

由文化创意产业集聚的形成方式探讨可知，我国闲置空间再生中所进驻的文化创意产业和集聚的形成，投资主体主要包括以艺术家自主入驻和开发商、企业主导的进驻等市场自发型投资；以政府为主导的导向型投资；以及市场需求自发和政府导向并行型的投资等。艺术家个体或文化创意企业是核心要素，是闲置空间再生中最重要的经济单元，是实现文化创意增值的直接行为主体，在政府机构尤其是地方性政府机构的引导和扶持下，在起桥梁作用的文化创意产业中介机构的协助之下，闲置空间再生中的文化创意产业各个主体之间形成了合作和竞争关系、价值链关系和社会关系等相互关系，在空间形态演变和产业结构优化过程中逐步产生了物流、人流、资金流、价值流、知识流和信息流等，最终形成了文化创意产业集聚的市场环境、制度环境和社会人文环境等内部环境，产生了经济效益。

我国闲置空间再生中文化创意产业发展的经济效益，是指文化创意产业进驻闲置空间所产生的各种经济影响。是投资主体在自主进驻、招商引资和政策扶持等各种类型或各个阶段中投入产出效果的体现，主要包括直接经济效益、间接经济效益、以及形成集聚所产生的规模经济效益等。一般情况下，由市场需求引发、在市场竞争中自发形成的投资往往具有最直接的经济效益，而政府的主导和支持，尤其是对于基础设施建设的经济投入和各方面的政策制度扶持，则往往能够较多的考虑对间接经济效益的带动和提升。

闲置空间再生中的文化创意产业集聚的直接经济效益，从盈利模式方面来看，投资主体的收入初步体现为以下公式：

闲置空间再生后相对较高的实际租金收入 + 物业等各方面收入的总和

而投资主体的主要投入则初步体现为以下公式：

闲置空间原本较为低廉的租金投入 + 改造再生和维护等各方面投入费用的总和

举个简单案例说明：上文提及位于上海市卢湾区建国中路的8号桥文化创意产业园，一期是时尚生活中心集团有限公司于2003年租下的总建筑面积12000平方米的废旧厂房，20年租约与前期投资改造费用总计4000万元左右，改造后的租金达5—7元/平方米·天，物业费是20元/平方米·月，多年以来，长期入驻率均达95%以上。可见，时尚生活中心集团有限公司在三年内就已经收回8号桥文化创意产业园区的所有前期成本投入，建立了较好的盈利模式，取得了较好的直接经济效益。

当然这与8号桥闲置空间再生的合理定位，和对文化创意产业进驻的严格筛选，成功实现了空间形态的演变和产业结构的优化密切相关。8号桥目前是各种新兴文化创意产业汇聚的中心，吸引了各个国家的顶级文化创意产业机构进驻，形成了良性循环。图5-4是关于8号桥一期文化创意产业园区部分租户的分析：

8号桥一期部分租户国别分析			8号桥一期部分租户业态分析		
国别	数量	比例	业态	数量	比例
中国	17	33%	建筑设计及室内设计	15	29%
日本	6	12%	时尚创意展示店铺	6	12%
英国	4	8%	咖啡吧及餐厅	5	10%
法国	2	4%	个人形象设计及休闲服务	3	6%
美国	2	4%	媒体、电影、摄影	3	6%
加拿大	1	2%	艺术画廊	2	4%
多大利亚	1	2%	公关及企业形象设计	1	2%
总计	51	100%	其他	16	31%
			总计	51	100%

注：资料来源于8号桥招商部

图5-4　8号桥一期部分租户国别情况和产业业态分析 [1]

---

[1] 范小妮、常青：《探索LOFT模式的创意产业园发展之路——以上海8号桥创意产业园为例》，载《江苏城市规划》2008年第4期，第27页。

二、间接经济效益

直接经济效益表现的是对国民经济的直接贡献,而间接经济效益则表现了对国民经济的间接贡献。在综合评价闲置空间再生中文化创意产业集聚对国民经济的作用和贡献时,这两大效益都应兼顾。但在目前的文化创意产业集聚研究中,主要还是集中于直接经济效益对国民经济的贡献,因为间接经济效益研究难度太大,涉及的范围太广,关系到文化创意产业各个门类之间和其他相关行业之间错综复杂的相互关系。因此,目前的研究普遍是从定性分析的角度对文化创意产业的间接经济效益进行探讨。

闲置空间再生中的文化创意产业集聚,其间接经济效益主要包括两大类:一类是文化创意产业所获取的间接经济效益,它的大小反映了文化创意产业对国民经济的推动作用;另一类是文化创意产业所传递的间接经济效益,它的大小反映了文化创意产业对国民经济的带动作用。①

首先,根据上文中对于集聚门类的探讨可知,文化创意产业主要通过艺术的创作、生产和销售,艺术节与艺术会展类,艺术创意设计类和创意旅游类等集聚门类来细分市场。这些文化创意行业的进驻,促使文化创意产业集聚区域内获取了活动经济和创意旅游等相关的间接经济收益。再生后的闲置空间本身也可以成为一个新的旅游区域,这样的旅游景点也能反过来刺激当地旅游业的发展。从经济学的角度说,这是"供给的增加刺激消费增长"②。

其次,文化创意产业作为第三产业,与国民经济的其他行业具有密不可分的关系。闲置空间再生中的文化创意产业集聚,对一个经济区域的文化内涵、经济能级、开放程度和就业能力都具有难以衡量的催化作用和提升作用,对周边区域房地产业、建筑室内设计、当地旅游业和住宿、

---

① 陈宏、朱惠、赵锐:《四川省三次产业的间接经济效益分析》,载《第六届全国青年管理科学与系统科学学术会议论文集》2001年版,第384页。
② 武晓芳:《浦东新区展览业直接经济效应实证研究》,华东师范大学2006年硕士论文,第22页。

餐饮、购物等相关产业，都具有很强的辐射力和带动作用，能够提升与之相关的行业收入，传递无形的间接经济效益。

值得一提的是，不同城市的消费能力会有很大区别，从而产生的间接经济效益也会大不相同。一般情况下，在北京、上海、广州等一线城市，闲置空间再生中的文化创意产业集聚，带来的间接经济效益体现得较为明显。例如位于北京通州的的宋庄原创艺术集聚区，近年来文化创意产业的进驻使集聚区乃至宋庄镇的间接经济效益都得到了较大的提升。2005年，宋庄原创艺术集聚区所在镇域的生产总值就达到12.5亿元，税收收入达2.57亿元，农民的人均收入达到9285元，全镇有446家工业企业，主要带动了印刷、服装、电子、铸造、食品甚至轻型建材等六大行业，三次产业结构比例为16∶53∶31，而作为集聚区核心区的小堡村的经济基础和经济条件更是得到了较好的提高。镇域内的佰富园工业区成为北京市65个重点工业园区之一，占地2200亩，总投资7.5亿元。截至2005年，小堡村引进的企业就达153家，2005年度实现工业总产值8.5亿元，税收收入达1430万元，人均收入达10500元，工业园区建立了十多个相关行业，解决村民就业达90%以上。[①] 近年来，宋庄传统工业不断改组、改造和升级，农业附加值和就业率的提升反映了文化创意产业集聚对当地间接经济效益的良性影响。

三、规模经济效益

所谓规模经济效益，是指在适度的规模中，通过对资源的有效利用所产生的最佳经济效益，在微观经济学理论中，它是指由于生产规模的扩大，降低了长期的平均生产成本和经营费用都，从而能够在成本方面取得一定优势，使产品的市场价值更加有效地得以实现。[②]

[①] 数据资料来源：孔建华：《北京市宋庄原创艺术集聚区的发展研究》，中国农业大学2007年硕士论文，第66页。
[②] 任志安：《知识共享与规模经济、范围经济和联结经济》，载《经济管理》2005年第10期，第120页。

规模经济是人才、技术、资本等生产要素在一定的经济系统中发生集聚效益的产物，不同的地区存在不同的区域优势，文化创意产业的进驻也应选择适合该产业发展要求的地区，结合区域优势有利于和谐发展。经济活动在地区之间并不是一种均质分布的结构，而是呈现区域集中的特点，不同区域特色的文化创意产业集聚，会出现不同的区域规模经济形态，产生不同的规模经济效益。

根据产业关联的不同关系，区域中文化创意产业集聚的经济形态主要包括四种类型[①]：

一是纵向关联的产业集聚。这主要是指一种文化创意产品的生产，从原料到最终产品所经历的各个生产环节，其生产组织过程是通过纵向关联的产业链得以实现的。这一连串生产环节的集聚，体现着文化创意行业之间密切的投入产出关系。例如位于福建德化县的月记窑国际当代陶瓷艺术中心，就是一个集窑土开采、陶瓷创作、生产、展示和销售于一体的文化创意产业集聚区。完整的产业链和一体化经营模式，使集聚区企业的外部经济得以内部化。

二是横向关联的产业集聚。这种经济形态"是一个产业大类的多层次亚类产业的集群"。位于英国伯明翰的珠宝街就是典型案例，伯明翰市珠宝街区作为一个高效、功能现代的工业街区，拥有满街的小作坊和小工厂，街区保留着历史建筑，其中很多还以原来的方式使用着。这些作坊和工厂聚集在一起，充分利用自古以来的珠宝街名气和人气资源，共享各种要素。

三是互补关联的产业集聚。当文化创意产业在某一区域内实现一定程度的集聚之后，就有可能出现某些不同产业的集聚，扩大区域的产业增长点，产生互补。例如长期以文博展馆艺术表演展示和文化创意产品销售为主的福建福州三坊七巷，随着人气的提升逐步开始运营活动经济和创意旅游业，以各种文化创意产业活动的运作，和旅游业的开发，进一步带动其他文化创意产业的发展，形成互补性的规模经济效益。

四是具有先天性区位优势的个别区域，形成了多种文化创意产业的

---

① 李鹏：《规模经济的制度分析》，载《厦门大学》2003年第5期，第150页。

集聚。这种文化创意产业的集聚普遍发生在经济较为发达的地区,各种文化创意产业纵横交错,共同享有集聚所带来的外部经济效益。例如上海的田子坊,既是原创艺术家和文化创意企业的集聚之地,又是文化创意产品展示和销售的场所,还适合发展创意旅游业;又如水城威尼斯,其艺术双年展活动涵盖了视觉艺术、音乐、舞蹈、戏剧、电影和建筑等六大领域,长期集聚着形形色色的艺术盛宴,此外,双年展的存在还为威尼斯打造创意旅游产业带来了双重的保障。

第四节 当下的总体发展轨迹与区域发展走势

一、总体发展轨迹

我国很多地区都拥有具有历史性人文特征、完整文化风貌或者优秀文物古迹的建筑遗产,以及具有特殊资源特性和场所感价值的旧厂房、旧仓库、旧码头等闲置空间。"20世纪60年代时,闲置空间在多数人眼中只是一些老旧不堪的场所,随着价值观的逐渐改变,到20世纪70年代,人们开始重视闲置空间并进行保护,在经济发展所导致的变革和保护需求对物质环境所做出的限制之间寻找平衡",博物馆式的传统古迹保存观念也逐渐产生了积极的突破,发展文化创意产业集聚等活化保存方式在80年代后广受重视。当然,闲置空间的保护与再生、文化创意产业的进驻与集聚是基于对缺乏人性关怀的批判,对现代建筑与城市更新的反思,从历史文脉中寻求合理的空间,"在创造场所感和保护环境的同时,重建闲置空间的经济基础"①。

文化创意产业的进驻和发展是闲置空间再生的重要途径之一,以独有的物质形式和特色的精神内容,打造着形式多样的精神产品。近年来,我国各地相继自发形成以书画艺术为主的文化创意产业园区。2004年,深圳、上海首先带头打造了文化创意产业园区,随后北京、杭州、南京、苏州、

---

① 详见本书绪论第二节。

青岛等地的文化创意产业园区也纷纷建立。随着文化产业的概念由地方实践逐渐进入中央文件，文化创意产业也备受关注和重视。文化部自2004年11月起开始在全国各地命名"文化产业示范基地"，截至2010年底，先后命名了两批共4家国家级文化产业示范园区和四批共204家国家文化产业示范基地[①]，发展文化创意产业。

2005年4月，以上海创意产业中心为平台的创意产业发展服务机构成立，并为田子坊等18个上海创意产业集聚区挂牌。这些园区中有来自美国、日本等30多个国家和地区的创意设计企业800多户，从业人员上万人。此后上海又相继挂牌了多批创意产业集聚区，产业门类涉及工业设计、时尚艺术、动漫、游戏软件、网络媒体等。[②] 其中上海卢湾区以知识外包、广告设计、节庆活动、旅游休闲、时尚消费等为发展重点的田子坊和8号桥；普陀区以生产性服务、动漫设计、软件设计、工业设计和文化艺术等为发展重点的M50；闸北区以工业设计、动漫设计、建筑设计、传媒设计、会展旅游等为发展重点的老四行仓库等等，都是我国闲置空间再生中文化创意产业集聚的典型代表。

2006年起北京开始使用"文化创意产业集聚区"的概念，形成了囊括创意设计、复制生产、流通销售等产业链各个环节的重要空间载体。其中著名的北京798艺术区、宋庄原创艺术与卡通产业集聚区、潘家园古玩艺术品交易园区等均为依历史街区而生的创意产业集聚区，有机结合了创作和生产、交易和消费，对产业结构调整和文化形象塑造都具有重要作用。

经过几年的发展，我国文化创意产业的经济地位日益提升，产业集群的发展态势日趋显著，文化创意产业集聚区的影响力也越来越大。2010年上半年，仅北京市的文化创意产业集聚区新增的各类文化创意产业就达到227家，累计土地开发面积超过8千亩，完成各类政府投资25

---

① 资料来源：中华人民共和国文化部官网，http://www.ccnt.gov.cn。
② 褚劲风：《上海创意产业空间集聚的影响因素分析》，载《中国人口·资源与环境》2009年第4期，第15页。

个亿,吸引带动社会投资 20 个亿①。北京和上海等我国的文化中心城市,其文化创意产业发展,尤其是闲置空间再生中的文化创意产业进驻和集聚,对全国来说具有辐射带动作用。

二、区域发展走势

从区域分布来看,我国大致可以分为东部、中部和西部三个经济区域,东部主要包括北京、天津、河北、辽宁、上海、山东、江苏、浙江、福建、广东、海南等 11 个地区;中部主要包含吉林、黑龙江、湖北、湖南、河南、山西、安徽、江西等 8 个省;西部则主要包括新疆、内蒙古、陕西、甘肃、青海、宁夏、广西、重庆、四川、贵州、云南、西藏等 12 个地区。文化创意产业布局总体上呈现东部、中部、西部的梯度差距,东部地区经济较发达,文化创意产业整体发展水平和产业集聚力量都比较强大,而中西部的文化创意产业集聚则主要依托地域性和民族性的生态文化资源和历史文化资源。

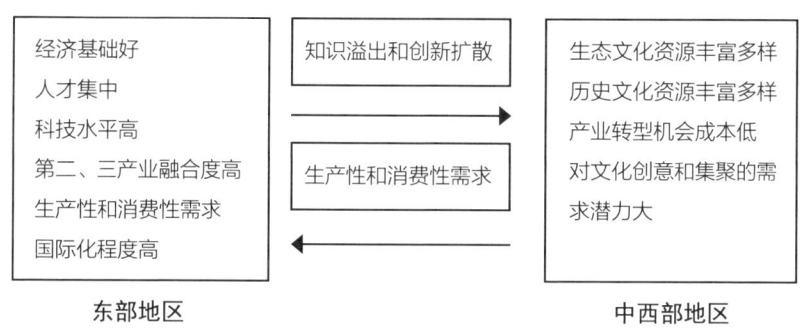

图 5-5 我国文化创意产业集聚区域发展特征②

---

① 数据资料来源于"2010 年第五届中国北京国际文化创意产业博览会·第四届文化创意产业集聚区发展论坛"上公布的数据,中国经济网:《文化创意产业要提升集聚区功能彰显文化魅力》,http://www.ccnf.com/news/20101119/news_201011190007_0.shtml,2010 年 11 月 19 日。
② 魏鹏举:《文化创意产业导论》,中国人民大学出版社 2010 年版,第 124 页(经修改)。

根据图示，我国东部的文化创意产业发展侧重于文化创意产业的高端行业，在重视高科技和高创意结合，重视专业化的、有创新活力的产业发展的同时，推进东部地区向中西部区域的知识溢出和创新扩散。而中西部区域文化资源丰富多样，产业转型的机会成本比较低，对文化创意产业的显示需求潜力较大，地方政府积极性也较高，比较适合吸纳区域特有资源，发展有区域特色的文化创意产业。

第五节 目前发展的一些总体问题与关于发展对策的思考

一、我国的一些总体问题

在精神经济时代背景下，我国闲置空间再生中的文化创意产业发展，面临着许多宏观和微观方面的问题。

在宏观方面，首先是体制性障碍问题对我国文化创意产业发展的整体效应产生了制约。长期以来，我国一直把文化创意作为意识形态方面的东西来看待，这在现有体制下导致了文化创意产业难以完全开放，从而限制了它的发展。虽然我国的文化体制改革不断深化和完善，但较之于绝大部分已经为文化创意产业扫清了体制障碍的西方发达国家而言却相对迟缓。

例如美国联邦政府在维护文化多元性、保障对外文化宣传项目和保护弱势族群文化遗产等方面的许多积极行为很大程度上推动了美国文化创意产业的自觉发展，还通过建立《国家艺术及人文事业基金法》和《联邦税收法》等法律和相关政策支持环境，来鼓励文化创意产业的发展；又如英国从1994年起就把发展文化创意产业作为国策之一，由十几个部门合作组建了文化创意产业行动小组，制定相关法律和政策，文化创意产业的发展受到自上而下全民性的参与和推动。此外，亚洲的韩国也制定了各种促进文化创意产业发展的计划、政策和法律法规，积极完善文化创意产业发展建设的组织管理机构，其政府还建立了文化创意产业资金保障体制。总之，这些国家都是举全国之力来解决文化创意产业发展的体制性障碍，促进其健康和全面发展。

其次是我国文化创意产业发展的产业政策体系亟待进一步完善。国家对文化创意产业的宏观政策体系影响着文化创意产业的具体运作机制和实施效果，也影响着文化创意产业的产业结构和投资条件等。文化创意产业的政策体系包括政策实施主体（政府部门）、政策客体（政策本身）和政策手段三要素，而政策手段则包括法律手段、经济手段和行政手段三方面，其作为政策主体落实产业政策的方法和措施，会对文化创意产业政策的实施效果产生最为关键的影响。从这三方面来看，我国的总体情况存在很多缺陷，例如我国目前还没有文化基本法，现有的《著作权法》《知识产权法》和《非物质文化遗产保护法》等法律，对文化创意产业方面的立法层次还较低；在经济手段方面，我国的文化创意产业管理和建设明显侧重于专项建设资金的投入，严重忽视了公共服务的建设；而在管理方面对我国各个地区的特点和条件考虑不足，造成了许多地区的盲目推进和资源的不合理配置，枉费了许多地区具有的先天资源优势。总之，我国文化创意产业发展政策体系的建立和相互衔接等方面还比较欠缺，发展机制还很不完善。

从文化创意产业发展较为成功的各个国家或地区来看，其文化创意产业发展的政策体系构建都较为完善。最早当属英国，英国政府的积极参与和引导使其发展出全世界最完善的创意产业政策体系，英国国家和地方政府之间，艺术群体、文化组织和工商业之间，国家贸易、教育和文化政策之间构建了完整的产业链，英国创意产业发展的政策法规随之逐步形成和健全，与此同时通过国家财政政策积极支持创意产业的发展。美国最突出的方面则在于对知识产权制度和版权制度的保护和完善，保证其在自由的市场经济中建设和发展创意产业。韩国则尤其重视政府的控制作用，由政府组建文化创意产业发展的组织机构体系，建立并强制执行《文化产业振兴基本法》《文化产业发展推进计划》《21世纪文化产业的设想》等法律法规，以此优化韩国创意产业集聚的发展环境、建立国家级高端创意产业集聚区，保障创意产业的发展和集聚区的建设。

在微观方面，首先，我国目前有许多闲置空间再生中的文化创意产业集聚区基础设施建设不足，统一管理缺位。尤其是自发形成的文化创意产业集聚，往往由于在集聚初期阶段没有经过充分的统筹和协调，区域内的文化创意企业、机构和艺术家各自经营、自我管理，区域的基础设施和配套设施比较落后，基础资源结构配置不合理，公共服务系统不完善；许多区域的市场管理不到位，有效空间和后备空间不足，且部分发展文化创意产业的再生空间还处于未经开发的旧城区或者城市周边地区，交通不畅，区域的基础交通设施和道路通行条件都有待改善。当下的社会发展普遍侧重于交通运输和通讯等公共基础设施的建设，却对公共文化服务机构和公共信息服务机构等基础设施建设欠缺重视。良好的基础设施建设可以为文化创意产业的发展提供更好的创新平台，降低成本，发挥更大的社会效益。

其次，区域文化创意产业链不完整。对于文化创意产业集聚来说，产业链以分工经济为依托，主要包括文化创意资源、创作、文化创意产品生产、包装集成、文化创意产品和服务的流通和展示等六个环节，产业的集聚应该是具有产业链关联的企业和机构的有机结合。完整的产业链有利于解决产业发展过程中的各方面问题，降低创作成本、生产成本和交易成本，提高产业的整体竞争力。目前我国闲置空间再生中的文化创意产业集聚，其文化创意企业、机构和艺术家的数目不少，但多数都尚未形成完整的产业链环节，当下区域内文化创意企业、机构和艺术家数目的较迅速增长和产业链关系的较缓慢进展成为急需解决的矛盾问题。当然，产业链也可以跨区域打造，难以建成完整产业链的区域，可以与外部企业或机构之间协同合作。这又涉及我国目前文化创意产业集聚区域内部企业和机构与外部单位之间尚缺乏有效联系的问题。

再次，闲置空间所在区域传统文化优势和文化创意人才的资源未能充分发挥出来，文化创意产业经营管理人才普遍缺乏。我国许多地区都拥有丰富的历史文化资源和铺天盖地的文化创意产业品牌，但创意力量集聚不够，文化资本的长期积累难以形成，这导致具有长久生命力和高附加值的品牌很少，被合理充分利用的历史文化资源寥寥无几。文化创意产业企业和机构普遍缺乏具有较高文化水平、熟悉市场运作的、懂得艺术管理和经营的专业人才，也因此而缺乏促进文化创意产业化的经纪公司，影响了文化创意产业阶层真正意义上的完善。

最后，在我国有许多人谈及文化产业或创意产业色变，认为文化产业的发展和创意产业的建设是对文化艺术本身的扭曲和破坏行为。这些观念和想法普遍是源自我国许多文化创意产业在发展建设的过程中过分偏重产业发展，从而忽略了对文化生态环境的保护等方面的因素。尤其是闲置空间

再生中的文化创意产业进驻和集聚，在保护旧建筑空间的基础上发展创意产业，盘活文化资源，将其转化为文化资本、再生空间、实现可持续发展是首要目标。我国的文化创意产业发展建设缺乏从整体角度通盘考虑区域地理特点、地方文化资源分布、文化传统等多方面问题，许多地方至今未能实现保护、盘活和发挥的有效结合。

二、关于发展对策的思考

结合精神经济的时代需求，针对闲置空间再生中文化创意产业发展的总体问题，今后文化创意产业的进驻和集聚，应充分利用闲置空间的区域资源特性，选择合适的依托模式，从基础工作的总体完善、管理水平和文化创意产业发展水平的全面提高；具有国内外知名度的高层次和高素质人才的大面积聚集；重视资源的可持续利用和文化创意生产的特殊性，均衡文化创意与产业的总体发展；重视整体性保护，重视统计指标体系、创意指标体系、景气指数和评价指标体系的建立；建构具有当代性的空间形象，实现传统文化资源的现代性转化，在实现当代文化价值的同时获取经济效益等各个方面建设我国闲置空间再生中的文化创意产业，更好地促进其总体发展。

第一，在总体上对基础工作进行完善。由于我国文化创意产业发展

面临着体制性和产业政策体系等宏观方面的问题,我国闲置空间再生中的文化创意产业发展资金、税收、奖励等各方面优惠政策有待促进和落实,可针对我国情况采取先行先试的方式在部分典型区域率先推出。在资金方面,我国迫切需要政府设立专项的文化创意产业发展基金,为其提供融资服务;也需要政府对文化创意产业的税收和奖励政策加以倾斜,以吸引更多企业团体和个人的加入,促进集聚效应和集聚区的形成;政府是文化创意产业的最大投资者、需求者和消费者,政府对文化创意产品和服务的采购份额对文化创意产业的发展和建设具有支柱性的支持意义,因此政府对文化创意产业的采购机制亟待形成;此外,在文化创意产业的集聚区域内广泛开展形式多样的文化会展和节庆活动,发展论坛和文化创意年会,或者各种文化创意比赛和创意市集,有利于文化创意产业各个机构之间的互动效应和消费群体的形成,提高总体文化创意策划水平和创意设计能力,并占领市场。

第二,应重视文化创意产业管理水平和发展水平的提高。我国闲置空间再生中的文化创意产业进驻和集聚,尤其是自发型的进驻和集聚,日常管理方面往往较为薄弱,再生空间中的文化创意企业、团体和艺术家应重视区域内管理体系的完善,搭建区域文化创意产业项目与社会资本对接的平台,促进区域健康有序的发展。政府机构的参与和扶持则可以通过建立具有议事协调机构性质的地方性管理机构或者管委会等,出台相关管理条例,设立专题会议制度和专家咨询机构,将再生空间所在的社区、街道、乡镇等纳入管理体制,建立地方性文化创意产业发展的公共服务平台[1]。此外,文化创意产业同样遵循市场发展规律,文化创意产业的发展应重视产业组织的创新,重视投资人、经纪人甚至经纪公司的形成和培养,努力打造完整的、具备自身优势的文化创意产业链和经营格局[2]。

---

[1] 陈燕:《当历史遇上创意——当下我国依历史街区相生的文创产业集聚区之行进过程初析》,载《东南学术》2012年第2期,第118页。
[2] 同上。

第三，我国闲置空间再生中的文化创意产业建设，在客观上要求具有国内外知名度的高层次、高素质人才的聚集，除了要重视吸纳当地文化创意企业、机构和艺术家，还需要把握对跨区域和在海外从事文化创意产业的优秀人才，尤其是具有深厚传统文化底蕴的留学归国人才的吸纳，另一方面还要重视吸纳具有将文化创意产品产业化和市场化能力的营销人才和经营人才，为文化创意产业发展提供良好的传统文化基础和人力资源条件。

第四，针对我国长期以来偏重产业发展的问题，闲置空间再生中的文化创意产业发展应重视考虑资源的可持续利用和文化创意生产的特殊性，兼顾文化创意产业在再生空间中的重要作用和功能，以及文化创作、生产、复制、传播和消费的特点，不能以单一的产业思维看待闲置空间再生中的文化创意产业建设。此外，既然是针对闲置空间的产业结构优化，就不应像全新建设的集聚区那样划园而治，与周边环境完全区隔开来。而应设法融合入再生空间的文化环境，成为再生空间的有机组成部分，其区域边界仅仅是一个相对概念而非绝对概念。

第五，重视加强闲置空间再生中文化创意产业的整体性保护，重视各地再生空间区域统计指标体系、创意指标体系、景气指数和评价指标体系的建立，加强文化创意产业发展和再生空间合理有效融合的研究。整体性保护是对闲置空间中的历史建筑、城市功能和社会结构的整体保护，在闲置空间中发展文化创意产业时，不可忽略对建筑形态、功能分区以及居民构成的整体性保护，重视其观念、立法和对资金的管理。统计指标体系是将再生空间的核心区或中心区作为相对稳定的统计检测区域，进行长期的统计检测、分析研究，并进行相应管理。而创意指标体系、景气指数和评价指标体系则是与国际接轨的评估体系，可以通过官方网站、各种普查报告以及调查问卷等获得数据来源，分析区域的文化资源、创意能力、产业化程度、集聚度、软硬环境、经济发展潜力、融资能力、国际化水平等各方面相关指标，分析区域的综合竞争力、为文化创意产业的发展和建设提供决策依据。

第六，闲置空间的再生需要建构具有当代性的空间形象，实现传统文化资源的现代性转化，在实现当代文化价值的同时获取经济效益。当下我国需要得到大家认同的文化，不仅仅包括古老的传统文化，还包括能够得到全世界认同的当代文化形象，而目前在很多国家的认知模式里，中国的当代文化形象是缺失的，人们普遍认识的是古老的中国传统文化。因此，闲置空间的再生中的文化创意产业集聚，需要建构具有当代性的空间形象，深度开发我国的文化资源，尤其是挖掘可以开发利用的创意资源，实现创造性提升和能量的转化（尤其需要注意对当下不符合社会需求和不适应时代发展规律的文化创意资源的改善、转化和重新构建），结合当代文化的元素构成来配置中国文化创意产业的产品内容和交易平台，实现传统文化资源的现代性转化，进而在实现当代文化价值的同时获取合理的经济效益。同时，具有当代性的空间形象建构，对传统文化资源的现代性转化和合理的经济效益，也能同时改善人们对于"文化产业发展和创意产业建设都是对文化艺术本身的扭曲和破坏行为"[①]的认知。

---

① 详见本节中"我国的一些总体问题"部分。

第六章 结 语

一、关于闲置空间与文化创意产业集聚的涵义和相互关系

本书第二章分析了闲置空间与文化创意产业集聚的涵义和相互关系，提出了闲置空间与再生理论、文化创意产业与产业集聚理论、以及闲置空间再生与文化创意产业集聚的关系三大部分。第二章的主要创新点在于：一是在闲置空间的内涵研究中，首次尝试分析了闲置空间在精神经济学研究中的物质形式与精神内容；二是对有价值闲置空间的界定做出探讨：认为美学价值及闲置空间建筑的多样性、区域的文脉连续性和场所感价值、精神经济时代产品的价值属性、以及作为其他价值基础的经济价值等方面是界定的重要标准；三是首次尝试从社会经济和城市的快速发展、可持续发展的思想理论和对新旧价值的人文情感等时代背景需求；体现地理空间在当下的经济价值的外在需求；以及体现当下经济价值基础上的"过时"的内在需求等三个方面，提出了当下闲置空间的再生需求情况；四是在文化创意产业的内涵部分，尝试分析了文化创意的产业化，是从"纯精神产品"到"准精神产品"的演变过程；五是分析了闲置空间再生与文化创意产业集聚的关系，很多文化创意产业偏好于在闲置空间中集聚，这样的集聚推动了闲置空间的再生和发展，具有独特的功能特征和运作优势。

二、我国的许多闲置空间具有特殊的资源特性，这些资源特性吸引着文化创意产业的进驻；闲置空间也同时会对主导性文化创意产业作出选择

经过大量的资料收集和调研分析，本研究于第三章中尝试提出：我国的许多闲置空间，具有各个方面的资源特性，既包括自然地理环境、经济地理环境和社会文化环境等地理环境资源，也包括闲置建筑的历史文化风貌、建筑时代特征、建筑功能特征等建筑特色资源，还包括当地的政策与制度资源等。值得一提的是，以发展现状来看，我国的闲置空间再生中，并不仅仅是单一的资源特性在起作用，绝大多数闲置空间的再生都是多种资源特性的共同效用，它们互相促进并协同发展。

以闲置空间资源特性为导向的文化创意产业进驻，主要包括以下几个方面：一是闲置空间各个方面的资源特性吸引了各个门类知名艺术家的率先进驻，起到了带头作用，促进了闲置空间的再生，从而促成了文化创意产业的集聚；二是闲置空间多方面的资源特性带来了旺盛的人气，创造了商机，从而吸引了文化创意产业的进驻和集聚；三是政策、制度、法规的扶持，作为当地闲置空间保护和再生的重要资源特性之一，为文化创意产业的进驻和集聚提供了重要的经济支持和政策支持，具有直接的吸引作用；四是合理的定位和具有前瞻性的政府规划对文化创意产业进驻的引导效用。同样值得一提的是，很多文化创意产业的进驻是多种闲置空间资源特性所具有的吸引力共同作用的结果。

闲置空间保护和再生中的文化创意产业集聚，主导性文化创意产业的选择是一个关键问题，选择的成功与否会对闲置空间的再生和未来发展产生直接影响。再生后的闲置空间效用要得到最大程度的发挥，应使文化创意产业的进驻和集聚与闲置空间再生的定位相一致。通过合理的规划和分工，突出各个闲置空间的资源特色和优势，减少和避免资源的浪费，以及各区域文化创意产业的趋同化现象。闲置空间中主导性文化创意产业的选择，应遵循产业关联最强、区域优势最显、生态环境与可持续发展、以及经济效益最好等原则。

三、空间形态的演变是针对闲置空间再生的动态发展过程，引起了物质形式的相对贬值和精神内容的升值

本书第四章针对闲置空间再生的动态发展过程，从空间形态的概念和空间形态重塑、重塑的表现手法等方面分析了空间形态的演变。空间形态是空间内外各种因素的综合展现，传递着闲置空间的各种信息。影响空间形态的因素很多，在空间形态重塑的实际操作中，这些因素往往糅合在一起，通过客观写实、主观写意、夸张变形和象征等表现手法的合理运用，共同对空间形态重塑产生作用。此外，因为闲置空间的存在时间往往跨越了不同的历史时期，建筑本身留下了各个时代的印记，我们在努力使再生后的建筑空间兼具当下物质和精神双重需求的同时，还应重视建筑本身的时代特征和场所感价值。闲置空间形态重塑的表现手法运用，不仅要适合原有旧建筑自身的特性，还应该体现对原有建筑精神的尊重、阐述和展示。

空间形态的演变是针对闲置空间再生的动态发展过程研究，以精神经济学研究理论为基础进行分析，本书于第四章中首次尝试提出：闲置空间再生中的空间形态演变过程，引起了闲置空间物质形式的相对贬值和精神内容的升值。以大量的资料收集、调研和典型案例分析为基础，本研究于第四章中提出：目前许多闲置空间的再生，往往是通过一定的权衡和妥协来兼顾历史空间的保留和文化创意氛围的形成；以尽量恰当的方式转变传统观念和构建新的文化认同；许多闲置空间是在政府和居民的配合中实现空间形态的重塑和功能转化的；在"空间的生产"中，产业链和新价值逐步形成。

四、产业结构的优化是针对文化创意产业集聚的动态发展过程，引起了准精神产品在人类社会产品中的比重增加

产业结构的优化是针对文化创意产业集聚的动态发展过程研究，通过精神经济学研究理论分析，本书于第五章中尝试提出：闲置空间再生

中产业结构的优化，引起了准精神产品在人类社会产品中的比重增加。因此，闲置空间的再生，对社会产业结构的优化起到了促进作用。闲置空间再生中的文化创意产业集聚具有以下几个方面的特征：首先是生产出来的文化创意产品，精神内容的价值一般远比作为其载体的物质价值大得多，在总价值中占有较大的比例优势；其次是作为准精神产品的文化创意产品，其许多精神内容都具有易复制性，产品的增加和规模的扩大所受物质条件的制约较小；第三是闲置空间再生中发展的文化创意产业，非常注重品牌的打造。

通过大量的资料收集、调研和典型案例分析，本研究于第五章中分析了闲置空间再生中产业结构优化的样态，认为主要包括以传承和保护为主旨的体验经济发展样态、以交流和创新为主旨的创意经济发展样态和以开发和拓展为主旨的艺术生产发展样态等。

五、闲置空间再生中文化创意产业集聚的最终形成，具有直接经济效益、间接经济效益和规模经济效益

根据本书对文化创意产业集聚的形成方式探讨可知，我国闲置空间再生中所进驻的文化创意产业和集聚的形成，投资主体主要包括以艺术家自主入驻和开发商、企业主导的进驻等市场自发型投资；以政府为主导的导向型投资；以及市场需求自发和政府导向并行型的投资等。艺术家个体或文化创意企业是核心要素，是闲置空间再生中最重要的经济单元，是实现文化创意增值的直接行为主体，在政府机构尤其是地方性政府机构的引导和扶持下，在起桥梁作用的文化创意产业中介机构的协助之下，闲置空间再生中的文化创意产业各个主体之间形成了合作和竞争关系、价值链关系和社会关系等相互关系，在空间形态演变和产业结构优化过程中逐步产生了物流、人流、资金流、价值流、知识流和信息流等，最终形成了文化创意产业集聚的市场环境、制度环境和社会人文环境等内部环境，产生了经济效益。经济效益是投资主体在自主进驻、招商引资和政策扶持等各种类型或各个阶段中投入产出效果的体现，主要包括

直接经济效益、间接经济效益、以及形成集聚所产生的规模经济效益等。一般情况下，由市场需求引发、在市场竞争中自发形成的投资往往具有最直接的经济效益，而政府的主导和支持，尤其是对于基础设施建设的经济投入和各方面的政策制度扶持，则往往能够较多的考虑对间接经济效益的带动和提升。

参考文献

I. 专著类

1. Michel de Certeau. *The Practice of Everyday Life*. 1988. Translated 2. by Steven Rendall. University of California Press. Berkeley Los Angeles London, 1992.

2. David Throsby. *Economics and Culture*. Cambridge: Cambridge University Press, 2001.

3. Nick Stevenson. *Cultural Citizenship:Cosmopolitan Questions*. Berkshire: Open Unicersity Press, 2003.

4. John Tomlinson. *Globalization and Culture*. Cambridge: Polity, 1999.

5. Simon During(ed.). *The Cultural Studies Reader*. Routledge, 1999.

6. David Held and Henrietta L.Moore(Eds.). *Cultural Politics in a Global Age: Uncertainty, Solidarity, and Innovation*. Oxford:Oneworld, 2008.

7. Justin Lewis and Toby Miller(Eds.). *Critical Cultural Policy Studies*. London:Blackwell, 2003.

8. [美] 迈克尔·波特：《国家竞争优势》，华夏出版社 2002 年版。

9. [美] 史蒂文·蒂耶斯德尔、蒂姆·希思、塔内尔·厄奇：《城市历史街区的复兴》，张玫英、董卫译，中国建筑工业出版社 2006 年版。

10. [英] K. 弗兰姆普敦：《20 世纪建筑学的演变：一个概要的陈述》，张钦楠译，中国建筑工业出版社 2007 年版。

11. [英] 查尔斯·兰德利：《创意城市：如何打造都市创意生活圈》，杨幼兰译，清华大学出版社 2009 年版。

12. [法] 朋尼维兹：《布赫迪厄社会学的第一课》，孙智绮译，黄厚铭导读，麦田人文 2002 年版。

13. 夏铸九、王志弘编译：《空间的文化形式与社会理论读本》，台湾大学建筑与城乡研究所，明文书局 2002 年版。

14. 李宜君：《台湾的再生空间》，远足文化 2004 年版。

15. [英] 本·海默尔：《日常生活与文化理论》，周群英译，韦伯文化国际出版有限公司 2005 年版。

16. [英] 大卫·哈维：《新自由主义化的空间：迈向不均地理发展理论》，王志弘译，群学出版有限公司 2008 年版。

17. [法] 皮耶·布赫迪厄、华康德：《布赫迪厄社会学面面观》，王德威主编，黄厚铭导读，李猛、李康译，麦田人文 2009 年版。

18. [英] 大卫·哈维：《资本的空间：批判地理学诌论》，王志弘、王玥民译，群学出版有限公司 2010 年版。

19. 王志弘主编：《文化治理与空间政治》，群学出版有限公司 2011 年版。

20. 孙全胜：《列斐伏尔"空间生产"的理论形态研究》，中国社会科学出版社 2017 年版。

21. 李向民：《精神经济》，新华出版社 1999 年版。

22. 李向民、王晨、成乔明：《文化产业管理概论》，书海出版社 2006 年版。

23. 李万峰：《产业集聚区：科学发展观的科学体现——北京市文化创意产业集聚发展研究》，中国文联出版社 2010 年版。

24. 魏鹏举：《文化创意产业导论》，中国人民大学出版社 2010 年版。

25. 侯汉坡编著：《北京市文化创意产业集聚区案例辑》，知识产权出版社 2010 年版。

26. 刘雪涛、李岱松、张革等编著：《首都文化创意产业标准化》，科学出版社 2010 年版。

27. 梁昭：《历史建筑与文化创意产业》，中国统计出版社 2010 年版。

28. 陈少峰、朱嘉：《中国文化产业十年（1999—2009）》，金城出版社 2010 年版。

29. 褚劲风：《创意产业集聚空间组织研究》，上海人民出版社 2009 年版。

30. 蒋三庚、王晓红、张杰主编：《创意经济概论》，首都经济贸易大学出版社 2009 年版。

31. 牛为麟、彭翊主编：《北京市文化创意产业集聚区发展研究报告》，中国人民大学出版社 2009 年版。

32. 谢伦灿：《文化娱乐产业的评价与发展》，中国经济出版社 2009 年版。

33. 祁述裕：《中国文化产业发展战略研究》，社会科学文献出版社 2008 年版。

34. 魏闽：《复兴"义品村"——上海历史街区整体性保护研究》，东南大学出版社 2008 年版。

35. 郭鉴：《吾地与吾民：地方文化产业研究》，浙江大学出版社 2008 年版。

36. 赵万民主编：《解读旧城——重庆大学城市规划专业"旧城有机更新"课程教学实践》，东南大学出版社 2008 年版。

37. 登琨艳：《空间的革命：一把从苏州河烧到黄浦江的烈火》，华东师范大学出版社 2006 年版。

38. 登琨艳：《失忆的城市：一个建筑师对当代城市的痛与爱》，华东师范大学出版社 2006 年版。

39. 登琨艳：《流浪的眼睛：影响建筑家一生的旅行经验》，华东师范大学出版社 2006 年版。

40. 张京成主编：《创意产业导论》，学林出版社 2006 年版。

41. 邹统钎主编：《古城、古镇与古村旅游开发经典案例》，旅游教育出版社 2005 年版。

42. 金元浦：《数字港·数字市场·数字文化创意孵化器——创意产业园区的高端融合》，中国文化产业评论，上海人民出版社，第四卷。

43. [英] M. 莫斯：《勇敢还是愚蠢？——20 年来谢菲尔德文化产业区之回顾》，张斌译，《中国文化产业评论》第 5 卷，上海人民出版社。

44. 王婧：《价值链视角下的文化产业集群分析》，《中国文化产业评论》第 7 卷，上海人民出版社。

45. 苏东水主编：《产业经济学》，高等教育出版社 2000 年版。

46. [美] 罗斯托编：《从起飞进入持续增长的经济学》，四川人民出版社 1988 年版。

II. 期刊类

1. 陈征：《论社会主义城市垄断地租》，《经济学家》1995 年第 3 期。

2. 杨宏烈：《广州历史街区的保护性开发探讨》，载《城市问题》1998 年第 5 期。

3. Hutton T. *Reconstructed production Landscapes in the Postmadern City: Applied Design and Creative Services in the Metropolitan Core*, *Urban Geography*, 2000.21.

4. Hutton T. *The New Economy of Inner City*. *Cities*, 2004.21.

5. 许又文、孙继伟：《"再生"的建筑：历史建筑保护中的一种积极思维》，载《时代建筑》2000 年第 3 期。

6. 阮仪三、孙萌：《我国历史街区保护与规划的若干问题研究》，载《城市规划》2001 年第 10 期。

7. [英] 大卫·哈维：《地租的艺术：全球化、垄断与文化商品化》，王志弘译，载《城市与设计学报》，中华民国都市设计学会 2003 年第 15、16 期。

8. 李和平：《历史街区建筑的保护与整治方法》，载《城市规划》2003 年第 4 期。

9. 厉无畏、于雪梅：《关于上海文化创意产业基地发展的思考》，载《上海经济研究》2005 年版。

10. 康小明、向勇：《产业集群与文化产业竞争力的提升》，载《北京大学学报》（哲学社会科学版）2005 年第 2 期。

11. 杨劲松：《工业园区产业发展模式选择》，载《上海经济研究》2006年第 3 期。

12. 赵之枫、陈吉吉、张建：《小堡村的文化创意新村愿景》，载《北京城市规划》2006 年第 3 期。

13. 王伟年、张平宇：《创意产业与城市再生》，载《城市规划学刊》2006 年版。

14. 谭三桃：《象征资本理论与中国社会研究述评》，载《学术论坛》2007 年第 11 期。

15. 施俊：《上海创意产业园区的现状与思考》，载《中外建筑》2007 年第 8 期。

16. 孔建华：《北京市宋庄原创艺术集聚区的发展研究》，载《2007 年：中国文化产业发展报告》2008 年版。

17. 侯云峰、施惟达：《昆明"创库艺术家主题社区"调查报告》，载《2007 年：中国文化产业发展报告》2008 年版。

18. 孔建华：《北京文化创意产业集聚区发展研究》，载《中国特色社会主义研究》2008 年版。

19. 周南：《古玩跳蚤市场再现"潘家园模式"》，载《中国市场》2010 年第 17 期。

20. 马钦忠主编：《公共艺术与历史街区的振兴》，载《中国公共艺术与景观》，学林出版社 2010 年版。

21. 赖炳树、白仁德：《发展文化创意产业作为都市再生政策之研究》，载《建筑与规划学报》2010 年第 6 期。

III. 学位论文类

1. 张艳华：《市场经济背景下的城市建筑遗产（CBH）保护——以上海为例论遗产经济价值与文化价值的结合》，同济大学建筑与城市规划学院，2004 年博士学位论文。

2. 高宏宇：《文化及创意产业与城市发展——以上海为例》，同济大学建筑与城市规划学院，2007 年博士学位论文。

3. 刘蔚：《文化产业集群的形成机理研究》，暨南大学，2007年博士学位论文。

4. 王洁：《产业集聚理论与应用的研究：创意产业集聚影响因素的研究》，同济大学，2007年博士学位论文。

5. 孔建华：《北京市宋庄原创艺术集聚区的发展研究》，中国农业大学，2007年硕士学位论文。

6. 姚兢：《非典型历史街区再生——上海泰康路街区空间形态演化研究》，同济大学建筑与城市规划学院，2008年博士学位论文。

7. 陈诗芸：《闲置校园再利用作业模式之研究》，台湾逢甲大学都市计划学系研究所，2007年硕士学位论文。

8. 王倩：《工业废弃地建筑及景观再利用设计研究——改造为创意产业园的设计探索》，山东轻工业学院设计艺术学专业，2008年硕士学位论文。

9. 成卓：《柏林工业建筑遗产所在城市街区的再生研究》，同济大学建筑与城市规划学院，2008年硕士学位论文。

10. 贾丰奇：《台湾地区文化创意产业商业模式研究》，上海师范大学人文与传播学院，2008年硕士学位论文。

11. 褚劲风：《上海创意产业集聚空间组织研究》，华东师范大学，2008年博士学位论文。

12. 郑洪涛：《基于区域视角的文化创意产业发展研究》，河南大学，2008年博士学位论文。

13. 高峰：《上海苏州河沿岸创意产业发展机理研究》，上海师范大学人文地理学，2009年硕士学位论文。

14. 陈雪梅：《中国创意产业街区业态研究——以京津沪渝创意街区为例》，天津音乐学院，2009年硕士学位论文。

后 记

　　这些年来，发展经济几乎成为压倒一切的社会主流思潮。然而我们意识到，经济的高速发展一方面固然对丰富人们的精神文化生活提供着必要的物质基础；另一方面，人文与传统的缺失却也有让人们陷入隔绝、孤独和异化的倾向。我国许多优秀的历史文化遗迹，在经济发展的车轮碾过之后，已然烟消云散。拥有历史性人文特征、完整文化风貌或优秀文物古迹的建筑遗产，以及具有特殊资源特性和场所感的旧厂房、旧仓库、旧码头等建筑空间，尤其是刻画着人们居住、生活或者工作印记的，具备一定片区规模特征的闲置建筑群，这些少数幸存下来的闲置空间，便成为我们追忆过去、探究先人的文化生活，感受其美学遗产的珍贵碎片。

　　文化创意产业是一个新兴的产业，它的外延其实远比人们想象的要宽广得多。正如登琨艳论及长沙窑时谈到的："谁又能说，传承着祖先手艺的师傅们的创作和手工，不是创意产业呢？不要把创意产业的范围看得太窄了。这不是简单的重归传统，而是新的产业模式赋予的新价值。"我国幅员辽阔，历史悠久。在许多地区都可以找到极具地方特色的原生产业，在其自身的基础上自我完善、自我优化，并与时俱进地进行发展，赋予它们新的意义和价值。也许才是让它们焕发新生命的一个良性途径。

　　关注闲置空间再生中的文化创意产业集聚，并不是要从信息时代这个"先进"的后工业时代的角度去怀想"落后"的闲置空间，而是企图以一种更加自然的方式，尽可能不着痕迹地将更科学的、更加人性化的产业融入传统的建筑空间之中；用润物细无声的方式去改良和发展，尽量多地留给人们一些能够重新审视过去的空间。当然，就目前而言，这样的方式存在许多困难和障碍，但我们知道，仅仅以抱怨和不满是无法改变现状的，所以就先以这篇粗浅的文章作为我力所能及的开始吧。

《当历史遇上创意：闲置空间再生中的文化创意产业集聚研究》全书的写作，源自我几年以来对全国各地闲置空间和文化创意产业集聚区的长期关注和调研考察；得益于许多致力于此的前辈，尤其要感谢长期在莫干山和杨树浦路一带从事旧建筑区保护、改造与再生的建筑师登琨艳；更要感谢恩师李向民教授悉心的教授与指导，因为有了他们的帮助和支持，我才得以坚持研究并最终完稿。如今，我眼中的这些历史街区，就像我年长的老友们，他们承袭着历史和文化的沧桑厚重一直走到了今天，我十分希望他们还能够继续陪伴我们，不要就此消亡。

本书源自本人在南京艺术学院求学期间的博士毕业论文《闲置空间再生中的文化创意产业集聚研究》。本人的博士生导师李向民教授，学识渊博，学风严谨，能师从于他，是我毕生的幸事。另外还有许多老师、同学和我亲爱的同事们，在我的学习生涯、科研工作、赴台访学以及博士论文研究与撰写过程中，给予我很多帮助和支持，在此我无法一一具名。只能说一声：衷心感谢所有帮助过我的老师、同学、同事和家人！谢谢你们！

囿于有限的学术水平、观察视野和社会见识，书中有许多疏失和谬误，恳请学者和朋友们的批评指正！

陈 燕
2019 年 1 月